TRAGICOMIQUE AMÉRIQUE

CORNEL WEST

TRAGICOMIQUE AMÉRIQUE

DÉMOCRATIE ET IMPÉRIALISME

Traduit de l'anglais (États-Unis)
par Françoise Bouillot

PRÉFACE DE
MARC ABÉLÈS

PAYOT

Titre original :
DEMOCRACY MATTERS
(The Penguin Press, New York)

PRÉFACE

Cornel West, ou le tempo dissident

S'engager dans la lecture d'un livre de Cornel West, c'est d'abord pénétrer un univers peu familier aux lecteurs d'essais français. Certes, il s'agit avec ce livre de la tradition facilement identifiable des grandes luttes d'émancipation, et d'un philosophe qui fait de son œuvre et de sa vie une pratique de liberté. Et il est vrai que, de Sartre à Edward Saïd, de Chomsky à Antanas Mockus, philosophe et maire de Bogota, l'intellectualité ne manque pas de penseurs militants, de pamphlétaires talentueux ou de critiques acerbes, mais il s'agit avec Cornel West d'un genre plus rare et par conséquent plus difficile à caractériser. On s'en approcherait en parlant d'un style de prose musicale ; mais, là encore, la littérature française n'est pas avare en grandes figures : il y a ceux qui, à la manière de Voltaire, jouent savamment des harmoniques subtiles de l'ironie ; nous avons aussi nos grandes orgues : relisez les vers vengeurs du Hugo des *Châtiments* dans leur déclamatoire incandescence. Plus près de nous, dans un autre style, d'autres grands pamphlétaires ont laissé l'écho d'un son inoubliable : on pense au Zola de « J'accuse », à Bernanos, Mauriac et quelques autres.

Cependant, avec West, l'univers sonore s'attache à la voix, à la tessiture spéciale, rauque et grave, du chant du blues. Voix personnelle et singulière qui métaphorise à elle seule le *credo* essentiel de la démocratie selon Cornel. Loin de circonscrire le terme à la seule modalité d'un genre de gouvernement, fût-il le meilleur, West considère la démocratie avant tout comme une affaire de culture et de mode de vie, d'expression singulière et exceptionnelle de chacune des voix que compte une collectivité. Servons-nous à la source, reprenons une expression de l'auteur et avançons qu'il s'agit d'une écriture « blues saturée de jazz ». Telle est la marque de sa radicale originalité.

Quand la dénonciation se fait rythmique, quand diagnostic et critiques épousent le tempo de la révolte, quand propositions et projet prennent la tonalité prophétique de l'espoir, on commence à entrer dans l'univers et le style West[1]. C'est donc davantage à l'homme, à sa présence publique et à son indéniable charisme, que ces lignes veulent introduire. Car, à l'évidence, *Tragicomique Amérique* procède directement de la chaleur de l'approche intellectuelle d'un homme irrésistiblement fraternel. À la manière de ces hommes politiques de terrain qui connaissent l'histoire et la lignée de la plupart des électeurs de leur circonscription, Cornel West mémorise sans faute chacun des prénoms de son interlocuteur, s'adresse toujours à lui en l'interpellant par un *Brother* ou un *Sister* intraduisibles si l'on veut rendre la diversité des connotations que ces mots expriment : du

1. À propos de Toni Morrison, il écrit : « Comme dans le blues, la voix humaine affirme la dignité et l'individualité de ses personnages. » Voir *infra*, p. 117.

camarade de lutte au frère de sang, du condisciple apostolique au partenaire d'une jam-session [1].

Introduction à l'homme autant qu'au livre. D'abord parce que la thèse de cet ouvrage et sa portée politique engagent une culture démocratique des questions de justice, d'égalité et d'émancipation dans laquelle tout lecteur, qu'il soit ou non américain, trouvera facilement son chemin, ainsi qu'une excellente évocation de la littérature et de la musique hip-hop noire américaine. Mais aussi parce qu'en raison de son inspiration singulière – « blues saturé de jazz » –, ce livre témoigne d'un genre d'essai particulier, à la fois académique et anticonformiste, exemplaire de cette tradition démocratique américaine qu'il entend revivifier et lire dans les expressions contemporaines les plus marginales et controversées.

Avec cet ouvrage devenu rapidement un best-seller aux États-Unis, Cornel West n'en est pas à son coup d'essai, loin s'en faut, mais les rapports qu'il entretient avec l'institution n'en sont que plus révélateurs. Tout se passe comme si le parcours de cet intellectuel universitaire condensait les plus criantes contradictions qui caractérisent les grandes institutions académiques de renommée mondiale, à la fois jalouses de la réputation de sérieux qui fait leur notoriété, et farouches dès qu'il s'agit de reconnaître le succès quand il dépasse l'aréopage des spécialistes autorisés. Parce qu'il est l'un des plus provocants et des plus célèbres intellectuels médiatiques américains contemporains et l'un des plus prestigieux représentants de l'excellence académique américaine, Cornel West est bien

1. Voir *infra*, p. 110 : « [...] comme l'a proclamé Duke Ellington, “le jazz, c'est la liberté”. »

ce personnage inclassable qui dérange les conventions établies.

Dans un pays qui place le mérite personnel, une carrière réussie et le succès au premier rang de ses valeurs et qui multiplie les cérémonies professionnelles honorifiques, le palmarès de Cornel West n'est pas en reste. Entre autres distinctions, il est titulaire du très convoité American Book Award, mais il est également doté des diplômes des plus célèbres universités. Étudiant à Harvard en philosophie, il suit les cours de prestigieux professeurs, et notamment l'enseignement du grand philosophe John Rawls qui professait la philosophie morale et politique dans cette université. De Harvard, il est diplômé du AB Magna Cum Laude en 1973.

À Princeton, West achève sa maîtrise puis soutient son Ph.d en 1980. Il y croise deux figures cruciales de la philosophie américaine : Richard Rorty et Sheldon Wolin. À Yale, il intervient en tant que spécialiste de la religion et enseigne, à partir de 1977, au séminaire de l'Union théologique. Professeur à Princeton à partir de 1988, West y entame véritablement sa carrière de spécialiste de la culture afro-américaine et de la philosophie pragmatique. L'année suivante son premier succès parmi ses pairs lui vient de *The American Evasion of Philosophy. A Genealogy of Pragmatism* (Madison, University of Wisconsin Press, 1989), puis c'est *Ethical Dimensions of Marxist Thought* (New York, Monthly Review Press, 1991 [1]). Mais l'explosion médiatique, qui a fait de West le personnage public qu'il est aujourd'hui, se produit véritablement en 1993. Cette année-là il publie son premier best-seller, *Race Matters*, vendu à plus de 400 000 exem-

1. Pour une vue d'ensemble des principaux thèmes de la philosophie de Cornel West, voir *The Cornel West Reader*, New York, Basic Civitas Books, 1999.

plaires, et rejoint l'équipe du Du Bois Institute for Afro-American Research à l'université Harvard.

Avec *Race Matters*, Cornel West enflamme le débat public en rouvrant le procès du racisme dans la construction de la démocratie américaine. Éloge du *New York Times* pour la férocité de son regard et la rigueur de sa critique morale ; bénédiction de *Newsweek* qui salue l'élégante prose prophétique du philosophe : le personnage se construit dans sa complexité et ses aspérités. On décrit ce premier brûlot comme « une arme polémique qui entend transformer la linguistique, le social, le culturel et la tradition politique pour en faire un outil qui élargisse la vision du développement individuel et de l'action démocratique »... Tout un programme !

À travers ces lignes, se révèle l'impact de l'extraordinaire richesse d'un esprit dont la probité le pousse à ne jamais céder sur la complexité des situations qu'il analyse. Ses prises de position publiques, ses interventions comme ses écrits le portent à examiner les liens entre les ferments les plus hétérogènes de la culture américaine, depuis la tradition de l'Église baptiste jusqu'au marxisme ou au pragmatisme. De ce *patchwork* impossible et pourtant bien réel, il veut faire la trame de son engagement. D'Emerson, Thoreau ou Dewey, Cornel West va ressusciter la tradition d'une critique philosophique et d'une action pour la liberté et l'émancipation. Luttant contre le néolibéralisme, pour l'accès des pauvres et des exclus à une libération qui leur rende et leur dignité et leur consistance civique.

Mais, pour cet amoureux de littérature, l'émancipation est avant tout une émancipation intellectuelle qui passe par la réappropriation critique des formes de vie communautaire que chaque être expérimente singulièrement. C'est dans ce processus d'apprentissage et de culture de soi que s'inscrit en premier lieu toute compétence individuelle de réflexion critique concrète indispensable à une véritable vie démocratique. Risquons un mauvais jeu de mots pour nous faire bien comprendre : la voie d'une véritable démocratie passe par la capacité réelle de chacun à faire entendre sa voix. Mais cette voix n'est plus ossifiée et réduite à l'abstraction d'une expression représentative du « un compte pour un ». Cette voix est à écouter et à entendre, à ressentir dans l'expressivité complexe du monde et du vécu qui lui donne son timbre singulier : « voix du jazz saturé de blues »...

Théoriquement, Cornel West construit son analyse à partir d'un pragmatisme qui s'écarte de la tradition positiviste et analytique américaine. Dans l'anthologie pragmatiste qu'il signe avec John Rajchman, traduite en français sous le titre *La Pensée américaine contemporaine,* il inscrit dès les années 1980 sa démarche dans la lignée de la critique post-analytique du tournant linguistique. Comme Rorty, il milite pour une philosophie qui se veut interprétation critique. « Dans cette perspective, la "philosophie" n'est pas le nom d'une discipline qui se mesure avec des problèmes permanents [...]. Elle est plutôt un genre culturel, "une voix dans la conversation de l'humanité avec elle–même" (comme dit Michael Oakeshott) », écrit Rorty[1]. D'où une position contestataire au sein de la philosophie académique américaine.

« Nous sommes, pour Rorty, des navigateurs à la mode d'Emerson, des êtres [...] qui ne cessent d'inventer et de créer une image nouvelle d'eux-mêmes, [...] qui trouvent leur salut à se débarrasser

1. Cornel West, « La politique du néopragmatisme américain », *in* J. Rajchman, C. West (dir.), *La Pensée américaine contemporaine*, Paris, PUF, 1991, p. 396.

des croyances et de valeurs périssables, sans fondement philosophique, sans justification transhistorique », note Cornel West[1] qui reconnaît son radicalisme anti-académique, mais en pointe tout aussitôt la limite : un ethnocentrisme qui lui interdit de « pousser son projet jusqu'à la critique culturelle et politique de cette civilisation, parce qu'il la chérit[2] ». En d'autres termes, dans son entreprise critique, Rorty s'est arrêté en chemin : « On ne peut pas s'embarquer dans un projet historiciste de démystification de la philosophie sans avoir à sonder la complexité du politique et du culturel[3]. »

Cornel West fait bien apparaître l'importance qu'a pu avoir le néo-pragmatisme de Rorty pour tous ceux qui, comme lui, sont issus des groupes marginaux et des classes subalternes, dans la mesure où il offrait des instruments pour remettre en cause les représentations hégémoniques et la manière dont elles excluent de la « conversation prédominante[4] » les voix qui émanent de ces groupes. Mais à la différence de son ex-collègue et tuteur de Princeton, West développe une pragmatique débarrassée de la partition entre l'expression de jugements destinés à l'espace public de discussion, tel qu'il est normé par le conformisme des rites d'expression des intellectuels, plus ou moins médiatiques, et ces autres formes d'expression de la pensée que toute une tradition bien pensante voudrait confiner aux discussions à caractère privé sur les valeurs, les goûts et les choix de la sphère intime.

Un tel partage entre espace de la tradition et de la culture communautaire d'un côté, et sphère

---

1. *Ibid.*, p. 397.
2. *Ibid.*
3. *Ibid.*, p. 400.
4. *Ibid.*, p. 402.

publique d'expression de l'autre, est précisément ce que met en échec l'expression de l'intellectuel public et du leader d'opinion qu'est Cornel West. Convaincu de la puissance créatrice de toute parole, fût-elle minoritaire ou inaudible, dût-elle prendre pour s'exprimer la tessiture propre au phrasé hip-hop, celle du chant liturgique ou le cri d'un rap agressif, West ne peut se contenter de l'espace d'expression offert par l'académie. Parce que, trop souvent, académisme rime avec neutralité et impartialité, et parce que, précisément aux États-Unis, l'académie ne s'ouvre aux bourses des plus démunis que par des politiques de discrimination positive, Cornel West a décidé d'utiliser lui aussi les médias de communication les plus étendus et les mieux reçus par le public qu'il vise particulièrement.

Sortir de l'académisme n'est certes pas l'apanage des esthètes, pas plus qu'une pose esthétique n'est le travers obligé de la liberté prise envers les conventions établies. Nombreux sont ceux qui ont franchi l'obstacle de la séparation des genres, si chère à la tradition française ; mais si, de Sartre à Badiou, nous avons vu des philosophes se muer en dramaturges et en poètes, Cornel West est le seul à ma connaissance à avoir osé jouer son propre rôle dans un film qui, pour être culte, n'en a pas moins obtenu un succès commercial mondial retentissant.

Car le visage de cet homme ne nous est pas inconnu en Europe, puisqu'il est bien lui-même le conseiller West, le Zion Elder du phénomène *Matrix*, invité dans l'aventure par les réalisateurs du film, les frères Wachowski. Outre le cinéma, Cornel West a produit, chanté et mis en images un CD, *Sketches of my Culture*. Conçu en premier lieu, mais sans exclusive, pour toucher un public afro-américain, ce projet explore et révèle la centralité de la musique dans la culture noire américaine, une culture éminemment politique, celle de la lutte pour la liberté, depuis l'esclavagisme jusqu'aux réalités les plus contemporaines de l'Amérique.

Transgression des institutions, sabordage du « politiquement correct » : dans l'ensemble de ses projets, Cornel West cherche à instaurer un dialogue constructif portant le développement de soi sur les terrains les plus fertiles du développement des potentialités culturelles de chacun. On dira qu'il est en cela le continuateur d'une tradition communautariste bien ancrée aux États-Unis, aux côtés de Charles Taylor, de Michael Walzer, de Michael Sandel, puisqu'il s'est engagé dans la lutte antiraciste des Noirs américains. Mais l'élargissement considérable de l'impact de ses luttes ne tient pas tant à cette posture anticonformiste qui lui permet de sensibiliser un public rétif aux sirènes de l'espace public. Car derrière le succès d'une incursion réussie sur le terrain de la culture hip-hop, c'est une autre vision du communautarisme qu'il donne à voir aujourd'hui.

Entendons-nous sur un point précis. En France particulièrement, il suffit de prononcer le mot « communautarisme » pour que s'impose l'image d'un univers fermé sur lui-même et qui s'autoreproduit en demeurant radicalement imperméable à toute forme d'extériorité. Or ce phénomène a trouvé une nouvelle dynamique dans l'univers de flux et de déplacements qui caractérise la modernité. Le destin des nouveaux communautarismes n'est pas d'être arrimé à une statique primordialiste, à un traditionalisme obtus. Comme l'a montré l'anthropologue Arjun Appadurai, la globalisation est propice à la constitution d'*ethnoscapes*, à la recomposition dynamique d'identités ouvertes sur le monde[1]. À cet égard, la culture musicale issue des ghettos se trouve néanmoins portée par des acteurs, dont « les monde vécus » : loin d'être enfermée dans un cadre originaire et limitatif de sens et de valeurs, elle ne cesse d'investir les espaces multicontextuels qu'impose la mondialisation actuelle.

Pour sa part, en multipliant les « performances », tant comme professeur que comme intervenant à la radio ou à la télévision, tant au cinéma que comme chanteur hip-hop, Cornel West a choisi d'incarner une figure spécifique de l'intellectuel engagé. De shows télévisés en interviews radiophoniques, en passant par plus d'une centaine de conférences par an, ce parleur « hypnotique » fidélise un auditoire de plus en plus nombreux pour lequel il devient le pont le plus solide entre les deux rives, noire et blanche, de l'opinion publique américaine. Que West puisse être simultanément un boulimique des médias et un activiste radical, cela ne devrait pas trop étonner ceux qui fréquentent la société américaine. Il s'apparente à une catégorie de personnages dont la pensée ne saurait rester confinée dans l'univers des campus, tout en trouvant là un élément essentiel à son enrichissement. C'est ce va-et-vient entre le cocon élitiste et l'arène politique qui semble un stimulant irremplaçable pour ce philosophe soucieux de prolonger la lutte des héros de l'émancipation des Noirs, et de s'inscrire au croisement de plusieurs grandes traditions qui ont irrigué la culture et la politique des États-Unis : celles de l'Église baptiste, du socialisme et du pragmatisme.

En écrivant *Race Matters*, son premier grand succès, Cornel West n'a pas hésité à remuer le fer

1. Voir Arjun Appadurai, *Après le colonialisme. Les conséquences culturelles de la globalisation*, Paris, Payot, 2002 ; rééd. « Petite Bibliothèque Payot », 2005.

dans la plaie. Et c'est encore ce rôle de « mauvaise conscience » de l'Amérique qu'il entend jouer aujourd'hui. West croit au rôle de leader de la démocratie que veulent incarner les États-Unis dans le monde. Mais il veut regarder en face les crimes de l'histoire, en particulier la manière dont l'idéal démocratique a été corrompu. Deux visages se dessinent à travers cette relecture de l'histoire qui aboutit à la scène contemporaine d'une démocratie américaine sans cesse jugulée par l'Empire américain. Raviver les racines démocratiques, les écrivains, les hommes politiques loyaux, les pionniers chrétiens, les écrivains, l'ensemble de ces figures de combattants qui, d'Emerson au groupe de rap Ice T, doivent fournir des armes et des exemples aux luttes actuelles. Cornel West fait un diagnostic cassant des défis actuels de la démocratie américaine : la permanence du racisme, l'influence politique du fondamentalisme chrétien, les relations complexes qui unissent les États-Unis à Israël, et les faiblesses du parti démocrate. « Avons-nous ce qu'exige le fait d'être citoyen ? » Pourquoi la démocratie n'est-elle plus un désir du peuple américain ?

Les sources de ce désamour des citoyens pour la politique sont passées au crible d'un regard puissant, sans concession, en prenant pour point focal à la fois la situation américaine d'après le 11 septembre et la crise du Moyen-Orient. L'échec des tentatives de paix dans le conflit israélo-palestinien, la crise de l'islamisme et l'anti-américanisme lui semblent largement résulter de l'immense hypocrisie de la position américaine dans le monde. Une hypocrisie qu'il résume de façon lapidaire en rappelant comment racisme et expansionnisme ont procédé de concert pour conduire son pays au statut d'hyperpuissance surmilitarisée. Dans ce réquisitoire, la principale clé d'analyse avancée consiste en une généalogie de ce que Cornel West nomme le christianisme constantinien : « L'intégration du christianisme [...] par l'empereur romain Constantin lui a donné une légitimité et une respectabilité, mais l'a dépouillé de la ferveur prophétique de Jésus et du feu apocalyptique de cet autre Juif converti qu'était Paul[1]. » Cette récupération du christianisme par l'Empire romain a marqué le début de la collusion entre Église et État qui est la matrice de l'impérialisme américain et de toutes les formes d'oppression qu'il a générées.

À ce courant qui s'est avéré hégémonique à l'échelle des États-Unis, West oppose la tradition prophétique chrétienne incarnée par des figures de la subalternité : dans la première moitié du XXe siècle, Dorothy Day, fondatrice du Mouvement des travailleurs catholiques ; Walter Rauschenbusch, porte-parole du Mouvement de l'évangile social ; et, plus récemment, des prêtres jésuites qui ont activement milité contre la guerre du Vietnam. Le plus célèbre tenant du prophétisme chrétien n'est autre que Martin Luther King. C'est donc en se réclamant de ce christianisme militant et critique que West vise à restaurer les bases de la démocratie américaine. Cela l'amène à prendre à partie ceux qu'ils appellent les « libéraux laïques » ou les « chrétiens prophétiques désillusionnés[2] ». D'où sa critique sévère du libéralisme de John Rawls, qui considère le discours religieux comme un danger potentiel. Ce dernier voudrait que ceux qui défendent les idéaux civiques au nom des convictions religieuses occultent ces motivations. De même Rorty veut-il faire disparaître toute référence à Dieu dans la vie politique et ne conserver dans l'expres-

1. Voir *infra*, p. 161.
2. Voir *infra*, p. 173.

sion publique que des termes laïques tels que « démocratie », « liberté », « égalité ».

Pour West, il faut considérer la justice avant tout comme un idéal chrétien, et l'identité démocratique chrétienne doit se fonder sur l'héritage des mouvements sociaux prophétiques. On ne s'étonnera pas qu'il prône « l'amour radical dans la liberté chrétienne et la liberté radicale dans l'amour chrétien [1] ». Pour revivifier la démocratie américaine West propose d'unir trois traditions qu'*a priori* tout éloigne : le questionnement socratique, le prophétisme juif et l'espoir tragicomique. Le socratisme apporte l'esprit critique et le refus de tout autoritarisme dogmatique, et West de suggérer qu'il faut socratiser l'islam. L'invention juive du prophétisme exalte la justice, la compassion et la bonté envers l'étranger. Quant à l'espoir tragicomique, il trouve son expression la plus profonde dans le blues. Telles sont les trois composantes de ce que le philosophe nomme « l'armure démocratique ».

Ce combat pour la démocratie n'aurait pas de sens s'il ne se donnait pour priorité de transmettre ses valeurs à la jeunesse. Constatant que « ce vide de l'âme touche tout autant les gamins riches des banlieues vanille, que les gamins pauvres des centres-villes chocolat », West milite pour une expression politique du désarroi moral que reflète notamment la culture hip-hop. Là encore on pourrait opposer le hip-hop constantinien au hip-hop prophétique, le premier tout entier absorbé par le fétichisme de la marchandise, le second qui se fait l'expression de la pauvreté et de la condition des opprimés. Faut-il attribuer à cet engagement l'origine de la controverse qui a opposé publiquement Cornel West au président de la prestigieuse univer-

1. Voir *infra*, p. 185.

sité Harvard où il enseignait à l'époque ? Ce qui est clair, c'est que notre philosophe, aujourd'hui de retour à Princeton, s'est toujours voulu un Socrate à sa manière, tout à la fois ironique et pédagogue, refusant de rester confiné dans les tours d'ivoire de l'univers académique.

La virtuosité avec laquelle West combine des traditions qui peuvent sembler pour le moins hétérogènes contribue à l'originalité de *Tragicomique Amérique*. Le lecteur français découvrira sans doute avec quelque surprise qu'une critique de l'impérialisme américain – et un plaidoyer pour la démocratie – puisse se réclamer du christianisme prophétique. Qu'un philosophe américain issu du néo-pragmatisme, se réclamant de Socrate et d'autres bons auteurs, se fasse le critique acerbe de la laïcité tout en prétendant concilier en un même combat pour la justice et la liberté des traditions pour le moins différentes, risque d'en déconcerter plus d'un. Cornel West n'est pas avare de raccourcis saisissants, découvrant ainsi une inspiration analogue chez Beethoven, Shakespare et dans le blues. Ce qui s'exprime dans ce livre, c'est le bruit et la fureur d'une certaine Amérique dont Cornel West est aussi bien le produit que le porte-parole. C'est pourquoi on peut y voir autant comme le symptôme d'une époque marquée par l'omniprésence du religieux que comme le témoignage d'une personnalité à multiples facettes, originale et provocante. Mais, plus largement, ce livre nous interpelle, en ces temps d'incertitude, parce qu'il pose avec une rare acuité la question de la désaffection du politique et du désenchantement démocratique dans nos sociétés.

Marc ABÉLÈS, décembre 2004

INTRODUCTION

Qui a peur de la démocratie ?

« Nous avons souvent imprimé le mot Démocratie ; pourtant je ne saurais trop répéter que la véritable essence de ce mot est encore totalement assoupie, en dépit de la résonance et des nombreuses tempêtes qu'ont suscitées ses syllabes sous la plume ou sur les lèvres. C'est un grand mot, dont l'histoire, sans doute, reste à écrire, parce que cette histoire reste encore à mettre en œuvre. »

Walt WHITMAN,
Democratic Vistas, 1871.

« Être un Afro-Américain, ou un Noir américain, c'est être dans la situation extrême jusqu'à l'intolérable de tous ceux qui se sont trouvés faire partie d'une civilisation qu'ils ne pouvaient honorablement défendre – qu'ils étaient de fait poussés sans trêve à attaquer et condamner – et en parlaient pourtant avec l'amour le plus passionné, dans l'espoir d'en faire un royaume nouveau, une vie honorable et digne d'être vécue. »

James BALDWIN,
No Name in the Street, 1972.

Voici une dizaine d'années, *Race Matters* a suscité un vrai débat public sur la question la plus explosive et le plus cruel dilemme auxquels l'Amérique fût confrontée : le rôle de l'héritage pernicieux de la suprématie blanche dans l'arrêt du développement de la démocratie américaine. *Tragicomique Amérique* fait suite à ce livre. J'y examine sans complaisance le déclin des forces et des pratiques démocratiques dans l'actuel Empire américain. Nous constatons aujourd'hui une détérioration profondément troublante des pouvoirs démocratiques aux États-Unis. Nous assistons à la montée d'un dangereux impérialisme, nourri par une alliance contre nature entre les élites ploutocratiques et la droite chrétienne, s'ajoutant à une désaffection massive des électeurs qui voient trop peu de différence entre deux partis corrompus – les Noirs étant censés voter automatiquement démocrate, et les jeunes s'éloignant massivement des urnes. Le soutien enthousiaste des jeunes à la campagne de Howard Dean et leur participation énergique aux récents mouvements altermondialistes sont toutefois des signes encourageants de leur potentialité à s'engager.

Au cours de ces trente dernières années, j'ai sillonné les États-Unis en tous sens pour donner des conférences et assister à des meetings ; j'ai toujours été impressionné par l'intelligence, l'imagination, la créativité et l'humour des Américains, ce qui m'a amené à me demander comment nous pouvions nous retrouver avec de tels médiocres et de pareilles chiffes molles aux plus hautes fonctions publiques. C'est comme si les meilleurs et les plus brillants d'entre nous boycottaient le service public, tandis que les plus ambitieux s'en allaient dans le secteur privé. Certes, dans une société capitaliste, c'est là que se trouvent la richesse, l'influence et le statut social. Mais nous avons toujours été une société capitaliste et cela ne nous a pas empêchés d'avoir dans le passé des dirigeants de qualité. Pourquoi ce déclin brutal ? Comme dans les sitcoms télévisés, le niveau est tombé si bas qu'il devient impossible de distinguer une plaisanterie d'une insulte. Quand Bush sourit après avoir lu ses discours si soigneusement préparés et si vides de substance, nous ne savons pas s'il se moque de nous ou s'il nous renvoie notre propre moquerie, tandis que la presse se hâte de concocter, à partir de ce déluge de clichés et d'incantations, une déclaration qui tienne à peu près debout.

Dans notre empire soumis aux lois du marché, l'art des élites de se vendre au peuple s'est substitué à une authentique direction démocratique. La majorité des citoyens en âge de voter boudent les urnes. Ce n'est pas qu'ils soient idiots, même s'ils ont la vue un peu courte. C'est qu'ils savent que la direction politique se partage entre deux partis parasites vivant sur l'argent et les intérêts du monde des affaires. Choisir entre les deux, c'est un peu comme si l'on demandait aux Noirs de choisir entre une version de gauche ou de droite de l'arrêt Dred Scott. La différence est extrêmement légère – même si la moindre différence compte.

Mais il ne suffit pas de pester contre le nouvel impérialisme ou la ploutocratie émergente. Il nous faut plonger dans les profondeurs souvent inexploitées de notre tradition démocratique pour combattre le courant impérialiste et les tendances ploutocratiques de la vie américaine. Nous ne devons pas laisser nos élus – souvent redevables à des élites économiques qui n'ont de comptes à rendre à personne – abâtardir et pulvériser ce précieux mot : démocratie, quand eux-mêmes se dispensent d'agir selon d'authentiques idéaux démocratiques.

La désaffection et la désillusion ne sont pas les seuls maux qui affligent notre démocratie. La plus grande menace pour elle est la montée de trois dogmes antidémocratiques dominants, soutenus par les forces les plus puissantes de notre monde, qui sont en train de vider la démocratie américaine de son contenu. Le premier, celui de l'intégrisme de l'économie de marché, a pour idole et fétiche un marché sans régulations et sans entraves. La glorification du marché a suscité une économie politique inhumaine, dominée par les multinationales, qui idolâtre la richesse et le pouvoir des grands affairistes (malgré de récents scandales), et gratifie les grandes entreprises de pouvoirs magiques de salut au lieu de les soumettre à une minutieuse investigation démocratique sur l'éthique de leurs pratiques et le traitement qu'elles réservent à leurs salariés. Ce dogme incontesté, fondement de la politique des démocrates comme des républicains (et de la plupart des partis politiques dans le monde), constitue une menace majeure pour la qualité de la vie démocratique et le bien-être des peuples. Il suscite une obscène inégalité de richesses dont le corollaire est une intensification de la haine de classes. Il redéfinit les termes de ce qui donne sens à la vie, glorifiant le gain matériel, le plaisir narcissique et le repli sur des préoccupations étroitement individuelles – surtout chez les jeunes.

L'intégrisme de l'économie de marché, non moins dangereux que les intégrismes religieux d'aujourd'hui, rend subsidiaire le souci de l'intérêt public. Le pouvoir écrasant qu'ont sur l'économie les ploutocrates et les oligarques instille la peur et l'insécurité dans le cœur de travailleurs angoissés et fait plier nos élus, obsédés par les financements et les sondages, devant la loi du profit, souvent aux dépens du bien commun. Cette alliance illicite entre élites financières et politiques, si éhontée et flagrante à notre époque, ne se contente pas de saper la confiance des citoyens informés dans leurs dirigeants. Elle encourage aussi le somnambulisme massif de la population, qui voit des faux prophètes comblés de richesses et d'honneurs accroître chaque jour leur pouvoir. Cette vision du monde liée au seul profit est en train d'aspirer tout le suc démocratique de la société américaine.

En bref, le dogme de l'intégrisme du marché détourne notre attention des écoles sur les prisons, des conditions de travail sur les marges de profit, des hôpitaux publics sur les chirurgies faciales sophistiquées, des associations civiques sur les sites pornographiques de l'Internet, des crèches sur les clubs de strip-tease. L'intégrisme du marché privilégie avant tout les activités de vente et d'achat, de consommation et d'absorption, de promotion et de publicité, dévaluant les valeurs de la communauté, la charité, la compassion et l'amélioration de la qualité générale de la vie. Quelle ironie qu'en Amérique nous soyons si vite passés du « faisons sonner la cloche de la liberté ! » de Martin Luther King au « dring, dring ! » des caisses enregistreuses, comme si la liberté pouvait se réduire à la possession de jouets matériels.

Le second dogme prévalent de notre temps est un militarisme agressif, dont la nouvelle politique de frappes préventives contre des ennemis potentiels n'est que le dernier avatar. La nouvelle doctrine américaine en matière de politique étrangère va bien au-delà de ce que l'on appelait jusqu'ici la guerre préventive. Elle autorise les élites politiques à sacrifier des soldats américains – pour la plupart des ouvriers et des jeunes de couleur – dans des croisades aventureuses. Selon ce dogme, la puissance militaire représente le salut dans un monde où celui qui possède les armes les plus puissantes est le plus moral et le plus viril, et donc le plus digne de policer les autres. En pratique, ce dogme prend la forme d'interventions unilatérales, d'invasions coloniales et d'occupations armées à l'étranger. Il alimente une politique étrangère qui ignore la coopération multilatérale entre les nations et sape les structures internationales de délibération. Modelé sur la mythologie du cow-boy défendant la frontière fantasmée de l'Ouest, le dogme du militarisme agressif est une stratégie de *ranger* solitaire ayant pour unique credo : « Pas de quartier. » Il justifie le recours permanent à un mode immoral et ignoble de règlement des conflits – ce terrorisme lâche et malsain qu'il prétend justement contenir et éliminer. Sur le front intérieur, ce dogme s'étend aux pouvoirs policiers, nourrit le complexe détentif-industriel et légitime un pouvoir masculin sans entraves au foyer comme au travail (et sa violence). Il voit dans le crime un ennemi monstrueux qu'il faut écraser (visant en cela les pauvres), et non pas un comportement déplorable qu'il faut modifier (en s'attaquant aux conditions qui encouragent ce comportement).

Comme le petit caïd de quartier, chacun définit ce qui est moral selon ses propres objectifs et intérêts, et ce qui est viril en fonction de ses angoisses et de son propre sentiment d'insécurité. Mais le recours à la force brute pour résoudre les conflits nous revient souvent en boomerang. L'arrogance qui accompagne cet usage de la force a mené à l'instabilité, voire à la destruction, dans les régions où nous avons cherché à imposer notre volonté. Ceux qui n'hésitent pas à recourir à la violence sont les premiers à se parer d'un manteau d'innocence, refusant de se remettre en question et se souciant fort peu des victimes innocentes qu'ils tuent. Remarquons l'indifférence inhumaine de l'administration Bush pour le sort des soldats américains et des Irakiens innocents tués au cours de notre dernière invasion aventuriste. Les traitements barbares infligés aux prisonniers d'Abou Ghraib en sont un flagrant exemple.

Le troisième dogme prévalent dans ce moment historique est le renforcement de l'autoritarisme. Ce dogme est enraciné dans notre paranoïa justifiée vis-à-vis de potentiels terroristes, notre crainte traditionnelle d'un excès de libertés et notre profonde méfiance à l'égard des autres. Le Patriot Act n'est que la partie émergée d'un iceberg qui a élargi le champ de la répression de droits durement gagnés et de libertés chèrement acquises. La Cour suprême a tracé la voie en approuvant le Patriot Act. Elle compte pourtant des démocrates déterminés et profondément concernés, comme Justice Ruth Bader Ginsburg. « Si le public se désintéresse de questions aussi importantes que l'équilibre entre liberté et sécurité, déclarait-elle récemment, le volet sécuritaire risque de l'emporter sur l'autre. » Les attaques terroristes du 11 septembre ont été pain bénit pour le renforcement de tous les contrôles. L'assouplissement des lois protégeant les citoyens et la perte progressive de tout moyen de contrôle des activités gouvernementales – mesures jugées nécessaires par ceux qui ont la vue courte – sont justifiés par l'idée que la sécurité exige de réduire les libertés et dicte leurs limites.

Entre-temps, les médias – soumis au marché, nourris de notre polarisation idéologique et complices de monopoles assoiffés de profit – ont gravement rétréci notre « dialogue » politique. Le problème, ce ne sont pas les vociférations d'un camp ou de l'autre ; c'est plutôt que beaucoup ont carrément renoncé à être entendus. Nous sommes en train de perdre la valeur même du dialogue, de la communication dans le respect de l'autre, au nom de la force brute et du pouvoir nu. C'est le triomphe classique de l'autoritarisme sur le questionnement, la compassion et l'espoir que requiert toute expérience démocratique.

Nous avons vu des développements similaires dans nos écoles et nos universités : un contrôle croissant de l'opinion, un manque de respect pour l'adversaire, et la forclusion du terrain commun où chacun peut écouter et apprendre. Le plus grand coupable ici n'est pas le « politiquement correct » – terme forgé par ceux qui tiennent pour négligeables les blessures des autres et les souffrances des victimes tout en insistant sur leurs propres maux. Il s'agit surtout de trouver le courage de scruter toutes les formes de contrôle dogmatique du dialogue et de faire voler en éclats toutes les stratégies autoritaires visant à faire taire les voix dissidentes. Nous devons respecter les plaies et les meurtrissures de chacun, même s'il nous arrive d'avoir tort (ou raison !).

Si les questions de démocratie nous effraient tant aujourd'hui, c'est précisément parce que les trois dogmes dominants que sont l'intégrisme de l'économie de marché, le militarisme agressif et le renforcement de l'autoritarisme étouffent des pulsions démocratiques absolument vitales pour que s'approfondisse et se répande la démocratie dans le monde. En somme, nous faisons la triste expérience d'une Amérique impériale dévorant la démocratie américaine. Cette dévoration historique se manifeste par une gangstérisation sans précédent de l'Amérique – une course effrénée au pouvoir, à la richesse et au statut social. Et quand les forces les plus puissantes d'une société (et d'un empire) travaillent à étouffer les énergies démocratiques, l'avenir même de la démocratie est en danger.

C'est une triste ironie que le 11 septembre soit devenu l'occasion historique d'une gangstérisation à grande échelle de l'Amérique. Vivons-nous désormais dans un âge postdémocratique où la rhétorique « démocratique » d'une Amérique impériale ne sert qu'à masquer le déclin d'une Amérique démocratique ? Reste-t-il suffisamment de forces démocratiques, ici comme à l'étranger, pour lutter à regagner notre démocratie, face à l'indéniable pouvoir des trois dogmes dominants qui nourrissent l'Amérique impériale ? Ou l'Empire américain va-t-il suivre la voie des Léviathan du passé – les Empires romain, ottoman, soviétique et britannique ? Un empire peut-il résister à la tentation de s'enivrer du pouvoir mondial, de l'arrogance et de l'avidité que suscite la puissance impériale ? Tous les grands empires n'ont-ils pas poursuivi des rêves donquichottesques de domination mondiale (modeler le monde à leur image et dans leur intérêt) qui ont fini par provoquer leur chute ? Nous, les démocrates engagés, pouvons-nous éviter ce modèle historique et cette destinée mondiale ?

Un test fondamental pour nous peut être notre réaction à long terme au 11 septembre. Avec les derniers débris de l'Empire soviétique répressif (Corée du Nord et Cuba), persistants mais poussifs, une Union européenne post-impériale en quête d'identité et d'unité, des pouvoirs asiatiques en progression constante mais encore vacillants, et des régimes africains et latino-américains encore soumis à une domination économique postcoloniale européenne et américaine, l'Empire américain se pavane à travers le monde tel un mastodonte. Nous avons bâti une puissance militaire incontestée, un pouvoir culturel indéniable et une hégémonie économique et financière multinationale – tout en ayant un énorme déficit commercial et budgétaire, et une lutte de classes, de races, de religions et d'idéologies qui va en s'intensifiant sur le plan intérieur. Pendant la guerre froide, ces conflits internes étaient contenus par la fixation sur un ennemi commun : le communisme. Puis, au cours d'une brève décennie, les Américains se sont écharpés dans une « guerre des cultures ». La droite bien financée a convaincu beaucoup de gens que la gauche – des universitaires progressistes aux clintoniens néolibéraux, des artistes multiculturels aux féministes, des militants du mouvement gay et lesbien aux écologistes – menait l'Amérique à l'abîme. Après le 11 septembre, l'unité a paru possible, mais dans les limites d'un étroit patriotisme et d'un désir vengeur de faire la guerre au terrorisme. Et comme l'a démontré l'impérialisme à l'ancienne des nouveaux faucons de l'administration Bush (par de subtiles manipulations et des mensonges outranciers), l'Empire américain redevenu agressif n'entend pas seulement policer le monde au gré de ses intérêts, mais aussi imposer *nolens volens* sa vision et sa politique impériales à des citoyens américains somnambuliques.

Ironiquement, cette vision et cette politique ne sont à bien des égards que la suite logique de celles des administrations précédentes, qui ont rarement mis en cause les dogmes de l'intégrisme du marché (pensez au désastre de l'ALENA de Clinton au Canada et au Mexique), du militarisme agressif (contrôle policier abusif sur les communautés pauvres de gens de couleur aux États-Unis) et du renforcement de l'autoritarisme (lutte ciblée contre la délinquance et condamnations systématiques à la prison). Mais la brutale et grossière dévoration impériale de la démocratie par l'administration Bush n'est qu'un creux de la vague dans l'histoire houleuse de l'expérience démocratique en permanente évolution de l'Amérique. Désormais, au lieu du communisme, nous avons le terrorisme islamiste pour ennemi extérieur, tandis que la culture conservatrice prévalente a fait de la gauche – progressistes et libéraux confondus – l'ennemi intérieur. La gauche n'est pas en phase avec les battements de tambour des patriotes tout acquis aux objectifs impériaux, avec les politiques de dérégulation du marché, avec les vues culturelles conservatrices et les piétés toutes personnelles de l'administration Bush. Pour le dire tout net, nous avons atteint un carrefour crucial de l'histoire américaine.

Les questions de démocratie exigent de ne pas perdre de vue le lien intime entre politique intérieure et politique étrangère. Comme les empires du passé, ce que nous faisons à l'étranger affecte ce que nous pouvons faire ici, et ce que nous faisons ici modèle ce que nous pouvons faire ailleurs. La question la plus difficile que va devoir affronter notre démocratie, du moins à court terme, est celle de la centralité des politiques du Moyen-Orient pour l'Empire américain. Si nous devons stabiliser la planète et enrichir la démocratie dans le monde, il nous faudra affronter l'antisémitisme des régimes autocratiques arabes producteurs de pétrole, hostiles à l'existence même d'Israël, ainsi que le problème de l'occupation et de l'assujettissement par Israël des Palestiniens et de leurs terres. Il nous faudra mener des actions plus décisives pour arrêter tant les barbares attentats-suicides qui tuent des civils istraéliens que les attaques inhumaines d'Israël contre des réfugiés palestiniens désarmés. Ces questions explosives sont un test pour la capacité de tous les Américains à s'engager dans un dialogue respectueux et franc ; et elles risquent de se révéler cruciales pour le destin de la démocratie américaine.

Comment critiquer honnêtement l'étroite relation entre les élites américaines impériales et les dirigeants d'Israël sans tomber dans le piège de l'antisémitisme ? Comment sympathiser avec l'existence toujours fragile d'un peuple comme les Juifs, haï partout dans le monde, tout en reconnaissant qu'Israël est un géant politique au Moyen-Orient et que les Juifs américains forment au sein de l'empire une puissante force organisée qui soutient cette puissance militaire ? Comment mettre en lumière la condition et le traitement inexcusable des Palestiniens sous occupation israélienne, tout en reconnaissant que certains groupes palestiniens ont pour objectif de rejeter Israël à la mer ? Un État juif peut-il devenir un État pleinement démocratique et laïque sans que soient annihilés ses citoyens juifs ? L'Empire américain va-t-il abandonner l'État d'Israël quand ses intérêts économiques entreront en conflit direct avec le soutien qu'il lui apporte aujourd'hui ? À qui les Juifs peuvent-ils se fier ? À qui les Palestiniens peuvent-ils se fier ? Les politiques à court terme des deux côtés vont-elles empêcher une paix juste ? La haine antisémite et la bigoterie anti-arabe vont-elles faire échouer toute alternative démocratique ?

Affronter ces questions exige certes de mobiliser toute l'intelligence critique et l'authentique compassion dont nous sommes capables, mais se satisfaire du *statu quo* risque fort de mener au désastre. Il est impossible de parler de questions de démocratie au niveau mondial sans aborder ces problèmes. Et étant donné les menaces croissantes d'attaques terroristes contre l'Amérique et d'autres pays, nous devons nous colleter avec eux pour notre propre sécurité.

Cela ne veut pas dire qu'il faille nous détourner des damnés de la terre en Afrique, qui affrontent à la fois une épidémie de sida sans précédent et les trahisons de leurs dirigeants autoritaires ; ou des Latino-Américains souffrant encore sous la coupe de multinationales et de dirigeants élus qui leur sont inféodés ; ou des Asiatiques qui luttent pour se trouver ou se préserver une place dans le nouvel ordre mondial. Se focaliser sur le Moyen-Orient ne signifie pas désigner un régime particulier qu'il faudrait diaboliser. Il s'agit plutôt de reconnaître que les gangsters intégristes de l'islam sont une menace pour les États-Unis et le reste du monde, et qu'ils gagnent en puissance à cause de notre politique étrangère dans la région. Une réponse impériale de la part des États-Unis à cette menace réelle peut constituer une menace plus grande encore pour eux-mêmes et pour le reste du monde. L'expérience démocratique américaine ne peut s'épanouir conjointement à une telle réaction impériale. C'est pourquoi la réponse de l'administration Bush au 11 septembre fait tant de dégâts ici et ailleurs : des inégalités de richesse accrues, moins de ressources pour les emplois, l'éducation, les soins médicaux et les arts, et davantage de méfiance et de haine, même de la part d'anciens alliés.

Les événements du 11 septembre auraient dû être l'occasion d'un examen de conscience national. À la lumière du choc et de l'horreur suscités par ces attaques, beaucoup se sont demandé : « Pourquoi une telle haine ? » Mais le pays a manqué à s'engager dans un examen sérieux, soutenu et approfondi des réponses possibles à cette question. À la place, l'administration Bush nous a encouragés à adopter la position simpliste du « avec nous ou contre nous », et nous avons traité nos alliés avec une superbe indifférence, restant sourds à toute critique sur la politique de la direction Bush. Nous n'avons pas eu le désir – pas plus dans cette conjoncture spécifique que dans le cours général de notre histoire – d'examiner d'un œil critique notre propre comportement dans le monde. Nous nous sommes souvent conduits d'une façon dominatrice, impériale et hypocrite à mesure que nous devenions une puissance hégémonique.

Notre comportement hypocrite et brutal vis-à-vis de tant de régions du monde n'est certes pas l'unique raison des attaques du 11 septembre, et il ne justifie certes pas ces actes terroristes inhumains, mais il reste que nous avons manqué, en tant que culture, à nous interroger sur le rôle qu'a joué notre comportement impérialiste dans le mépris que nous inspirons à tant de régions du monde. Les abus de pouvoir de l'administration Bush, tant sur le plan intérieur que dans l'invasion unilatérale de l'Irak sur la base d'une campagne de mensonges, ont fini par susciter chez nous le désir d'un examen de conscience qui doit aller plus loin que de lancer des piques amères à la politique de Bush. Nous devons nous reconnecter aux forces d'une profonde tradition démocratique en Amérique et les réenflammer.

Si nous devons affronter de façon critique les trois dogmes antidémocratiques, il va nous falloir comprendre de façon plus réaliste le poids écrasant qu'ils ont fait peser dans le pays même au cours de notre histoire. Le premier pas, dans toute critique d'un dogme, consiste à mettre à nu son histoire : dévoiler ses origines contingentes et ses humbles commencements, et montrer que la critique de ce dogme a sa propre tradition historique. L'Amérique a une longue tradition de douloureuses et puissantes critiques du développement arrêté de notre démocratie : critiques des ravages de notre génocide expansionniste des Amérindiens ; de l'écrasement de la vie des travailleurs par la machinerie inhumaine des excès capitalistes ; de l'oppression massive des femmes, des homosexuels et des lesbiennes ; et, fondamentalement, des hypocrisies profondément antidémocratiques et déshumanisantes de la suprématie blanche. C'est ainsi que le prisme de la race devient indispensable pour comprendre, préserver et étendre l'expérience démocratique américaine.

Les atrocités passées et présentes de la suprématie blanche nous en disent long sur les grossières limites de notre démocratie par rapport aux idéaux que nous professons. La race est le carrefour crucial où les forces démocratiques entrent en conflit avec les réalités impériales de l'Amérique dans la fabrication même de la grande expérience américaine de la démocratie. Les voix et les points de vue d'Amérindiens, d'Asiatiques, de Mexicains, d'Africains et d'immigrants européens avilis et désarmés nous rappellent les racines profondément racistes du premier Empire américain – la vieille Amérique expansionniste de la Destinée manifeste. N'est-il pas ironique que cet avant-poste de l'Empire britannique dans le Nouveau-Monde, installé sur les terres des Indiens et nourri du travail d'Africains réduits en esclavage, ait réussi une grande révolution anti-impériale et se soit embarqué dans une riche expérience démocratique ?

Les origines contingentes de la démocratie américaine et les humbles commencements de l'Amérique impériale vont main dans la main. Ce mélange dynamique et complexe d'oppression raciale et d'épanouissement démocratique, de résistance à l'empire (contre les Britanniques) et d'expansion impériale (contre les Indiens), mené essentiellement par les forces du marché pour satisfaire des populations en expansion et des profiteurs avides, fonde la scène du développement inégal du meilleur et du pire de l'histoire américaine. Nous devons veiller à ne pas perdre de vue ces deux tendances opposées si nous voulons conserver notre énergie démocratique.

Comme toute entreprise humaine, la démocratie américaine et l'Amérique impériale sont traversées d'incongruités, de contradictions et de formes imparfaites de résistance aux terribles structures de domination. La race n'est pas un prisme visant à justifier des histoires sentimentales de pur héros de couleur et d'impurs méchants Blancs, ou des mélodrames mettant aux prises d'innocentes victimes de couleur et de démoniaques persécuteurs blancs. En faisant voler en éclats ces récits manichéens que se racontent les Américains sur eux-mêmes, nous refusons d'inverser simplement le scénario pour nous raconter de nouveaux mensonges.

Le combat pour la démocratie a toujours été un combat contre les corruptions racistes et opprimantes de l'empire. Voir la politique électorale comme le lieu par excellence de la vie démocratique est une conception à courte vue, incapable de discerner le rôle crucial des engagements moraux, des visions et de la force de l'âme qui nourrissent et inspirent une manière démocratique d'être au monde. Cette force nourrit aussi de profonds courants démocratiques au sein de l'Empire américain et dans le reste du monde.

La bonne nouvelle à cet égard, c'est qu'il existe en Amérique une profonde révérence et un amour véritable de la démocratie, ainsi qu'une réelle tradition démocratique. Cet amour de la démocratie a été exprimé avec force par nos intellectuels et nos artistes. Notre tradition s'est construite sur une profonde pulsion démocratique qui remonte aux Grecs, et ce livre entend explorer les plus riches expressions de cette tradition, de l'iconoclasme radical de Socrate aux visions tragiquement schizophrènes des Pères fondateurs de l'Amérique, en passant par les pamphlets brillants et exubérants du hip-hop.

Trois grandes traditions nourrissent en profondeur les forces démocratiques. La première est l'invention grecque du questionnement socratique – de nous-mêmes, de l'autorité, du dogme, de l'esprit de clocher, de l'intégrisme. Non moins vitale est l'invention juive de l'engagement prophétique envers la justice (pour tous les peuples) formulé dans les textes hébreux et répercuté par les enseignements fondateurs du christianisme et de l'islam. Enfin, le puissant bouclier et la force intérieure que constitue l'attachement tragicomique à l'espoir nous est indispensable. Le tragicomique est la capacité à rire et à garder une joie de vivre, à préserver l'espoir même face à la haine et à l'hypocrisie, en évitant de tomber dans le nihilisme ou un désespoir paralysant. En Amérique, l'espoir tragicomique s'exprime surtout, avec une honnêteté déchirante et pourtant pleine de compassion, dans la lutte des Noirs pour la liberté ; de façon poignante dans la douloureuse éloquence du blues ; et avec exubérance dans les improvisations virtuoses du jazz.

Face aux manipulations et aux mensonges de l'élite, nous devons nous appuyer sur Socrate. Le questionnement socratique exige un implacable examen de soi et une critique non moins implacable des institutions et de l'autorité, motivés par une quête incessante de l'intégrité intellectuelle et de la cohérence morale. Elle se manifeste dans un discours sans crainte – la parrhésie – qui dérange, réveille et déloge les gens de leur somnambulisme acritique. Comme le dit Platon dans l'*Apologie* : « Mon franc-parler [la parrhésie] est la cause de mon impopularité. » Son opposition courageuse aux séduisants mais nihilistes sophistes de son temps – les enseignants grecs qui recouraient à des arguments brillants mais fallacieux – a mis en lumière le raisonnement spécieux qui légitimait leur désir de pouvoir. Son effort historique pour libérer la douloureuse recherche de la vérité – son art d'accoucher les idées et les visions – supposait la capacité de tous (comme le brillant esclave Ménon dans le fameux dialogue qui porte son nom) à s'engager dans la critique et la résistance aux corruptions de l'esprit, de l'âme et de la société. Nous avons désespérément besoin de la force démocratique de ce questionnement socratique en ces temps de sophisme rampant chez nos élites politiques et leurs experts médiatiques.

Face à l'indifférence inhumaine aux souffrances que suscite notre impérialisme, nous devons en appeler au prophétisme. L'invention juive de l'engagement prophétique envers la justice, qui fonde également le christianisme et l'islam, est l'un des grands moments moraux de l'histoire de l'humanité. C'est l'attachement à la justice d'un peuple opprimé, à l'origine d'une tradition prophétique basée sur la croyance que Dieu a accordé cet amour de la justice parce qu'Il est avant tout épris de justice. L'engagement prophétique judaïque envers la justice se fonde donc sur l'amour divin de la justice. Israël, peuple haï et asservi par l'empire le plus puissant de l'époque (celui des pharaons d'Égypte), est choisi par Dieu à cause de l'amour de Dieu pour la justice. La mise en garde contre une injustice inhumaine se trouve au cœur du message prophétique : « Opprimer le pauvre, c'est outrager celui qui l'a fait ; Mais avoir pitié de l'indigent, c'est l'honorer » (Proverbes 14, 31). Le témoignage prophétique consiste en actes humains de justice et de bonté qui s'attaquent aux sources injustes de la douleur et de la misère humaines. Il invite à se pencher sur les causes de la souffrance injustifiée et de la misère sociale non nécessaire. Il insiste sur le mal personnel et institutionnel, et notamment sur le mal de l'indifférence à ce mal.

Les figures du prophétisme judaïque en appellent à nous en tant qu'individus pour nous joindre à la transformation du monde en tant que communautés. Elles rejettent la conversion individuelle qui empêche l'insurrection collective. Elles invitent tous les peuples et toutes les nations à être justes. Amos prophétisait non seulement à Israël, mais aussi à Damas, Gaza, Tyr, Édom et Moab, parlant au nom d'un Dieu qui décide de la destinée de toutes les nations (Amos 9, 7). Ésaïe s'adressait à « vous tous, habitants du monde, habitants de la terre » (Ésaïe 18, 3 ; voir aussi 33, 13 ; 34, 1). L'appel de Jérémie était celui d'un « prophète des nations » (Jérémie 1, 5) incluant Israël, Ammon, Sidon et les autres peuples. Des centaines d'années avant l'universalisme des sages stoïciens comme Zénon, Cléanthe et Chrysippe, les prophètes juifs levaient la bannière de l'internationalisme au nom de la compassion divine et de l'amour divin de la justice. Il n'y a rien de tribal ou de nationaliste dans le témoignage prophétique. Les préjugés xénophobes et les pratiques impérialistes y sont condamnés sans équivoque. Le témoignage prophétique n'a pas de place pour des fléaux aussi vils et aussi pernicieux.

Les figures du prophétisme judaïque s'élèvent aussi contre le recours à la seule force du pouvoir. Le militarisme agressif est une fausse sécurité, une pure diversion de l'indispensable politique intérieure de compassion susceptible de « porter remède à vos plaies » (Osée 5, 13). L'autoritarisme montant est une sorte d'injustice qui resserre la corde autour de notre cou (« car l'homme ne triomphera pas par la force », Samuel 2, 9). L'accusation mortelle d'idolâtrie, arme majeure de l'arsenal prophétique contre l'injustice, qu'il s'agisse du culte du pouvoir ou de l'argent, est au cœur de la résistance prophétique aux nations impériales. Le Veau d'or, avec le drapeau taché de sang qui l'enveloppe, est la véritable idole des empires passés et présents.

Cet engagement prophétique envers la justice est fondateur pour le christianisme comme pour l'islam. La parole d'amour professée par Jésus et le message de Mahomet s'appuient sur l'invention juive de l'amour prophétique de la justice. Cette profonde tradition doit informer et renforcer le combat contre l'indifférence inhumaine de nos élites ploutocratiques à l'égard des souffrances de nos propres peuples pauvres et opprimés. Elle doit aussi contribuer à éclairer les effets de notre impérialisme sur les pauvres et les opprimés partout dans le monde. Le témoignage prophétique a guidé la vision de Martin Luther King dans le mouvement pour les droits civiques ; il a sous-tendu la solidarité des Juifs et des Noirs au sein de ce mouvement ; il doit aujourd'hui nous informer et nous mobiliser pour rallumer nos feux démocratiques.

Devant l'acquiescement cynique et sans illusion au *statu quo*, il nous faut puiser dans le tragicomique. L'espoir tragicomique est une attitude envers la vie reflétée dans les travaux de génies aussi divers que Lucien dans l'Empire romain, Cervantès dans l'Empire d'Espagne et Tchekhov dans l'Empire russe. Au sein de l'Empire américain, il s'est exprimé de la façon la plus puissante dans l'invention du blues par les Noirs face à la suprématie blanche. Comme l'a écrit Ralph Ellison dans *Richard Wright's Blues*, « le blues est cette pulsion à conserver dans sa propre conscience déchirée les détails et les épisodes douloureux d'une expérience brutale, à tâter du doigt le grain de la cicatrice, et à les transcender non par la consolation de la philosophie, mais par un lyrisme mi-tragique, mi-comique ». La puissante sensibilité du blues, cette interprétation noire de l'espoir tragicomique ouvert aux peuples de toutes couleurs, exprime une juste indignation avec un sourire et une douleur intérieure dépourvue d'amertume ou d'esprit de vengeance. On la trouve dans les écrits de Mark Twain, de Tennessee Williams, d'Eudora Welty et de

Thomas Pynchon, ainsi que chez Bessie Smith, Ma Rainey, Robert Johnson et Leroy Carr.

Beaucoup de Blancs amoureux du blues ont une sensibilité tragicomique, mais pour l'Amérique blanche le blues reste trop souvent une source d'amusement exotique, une sorte d'occasion primitive de pur divertissement. Le blues n'est pas une simple musique ; c'est un mode de vie durement gagné, qui devrait à ce titre déstabiliser et rendre nerveux les Blancs quant à l'héritage de la suprématie blanche. Ce qui rend le blues pertinent de nos jours, c'est qu'en plongeant le regard dans les corridors du temps, l'interprétation noire américaine de l'espoir tragicomique face à la haine et à l'oppression déshumanisante nous apparaît comme la seule sorte d'espoir ayant une quelconque maturité dans un monde de barbarie et d'accablante bestialité. Cette barbarie n'a pas seulement le visage du terrorisme ; elle est présente dans la vacuité de nos vies, dans tout le potentiel humain gâché partout dans le monde. En ce sens, le blues est une grande contribution démocratique des Noirs à l'histoire mondiale.

Le 11 septembre a plongé le pays tout entier dans le blues. Jamais jusque-là les Américains de toute classe, couleur, région, religion, genre et orientation sexuelle ne s'étaient sentis à ce point en danger, nus, soumis à une violence aveugle et haïs. Mais quand on a été désigné et traité comme un Nègre en Amérique pendant plus de trois siècles et demi, on s'est senti en danger, nu, soumis à une violence aveugle et haï. La réponse noire au terrorisme américain (ou négrification) est illustrée par la voix courageuse et pleine de compassion de la mère d'Emmett Till qui, en 1955, lors des funérailles de son fils de quatorze ans assassiné par des terroristes américains, monta au pupitre de l'Église baptiste de Chicago pour dire : « Je n'ai pas un instant à consacrer à la haine. Je rechercherai la justice pendant le reste de ma vie. » Et c'est précisément ce qu'a fait Mamie Till Mobley jusqu'à sa mort en 2003. Son attachement à la justice n'avait rien de naïf. Quand les dirigeants du Mississippi tentèrent de dissimuler à la presse les images du corps martyrisé d'Emmett – sa tête avait enflé de cinq fois sa taille normale –, Mamie Till Mobley réagit en laissant le cercueil ouvert pour que le monde entier puisse le voir. Telle est l'essence du blues : regarder en face les vérités douloureuses et persévérer sans cynisme ni pessimisme.

L'avenir de la démocratie en Amérique et dans le monde tient notamment à notre capacité à reprendre et préserver la riche tradition démocratique suscitée par les Douglass, les King, les Coltrane et les Mobley face aux attaques terroristes et aux lâches assauts. Depuis le 11 septembre, nous connaissons une « négrification » de l'Amérique ; et tandis que nous luttons contre l'arrogance impérialiste du « nous-contre-eux », contre la politique vengeresse de l'administration Bush, nous, la nation du blues, devons apprendre d'un peuple du blues à garder vivantes nos profondes énergies démocratiques en ces moments sombres, au lieu de recourir à la réponse tentante et facile du militarisme et de l'autoritarisme.

Aucune démocratie ne peut s'épanouir face à la corruption des forces impériales ploutocratiques, ni résister à la tentation militariste face à la haine terroriste, si ses citoyens ne sont pas protégés par les trois piliers moraux du questionnement socratique, du témoignage prophétique et de l'espoir tragicomique. Les faucons et les prosélytes de l'administration Bush ont beau se présenter comme les gardiens de la démocratie américaine, il existe une profonde tradition démocratique dans ce pays qui élève la voix contre leurs abus de pouvoir nihilistes et antidémocratiques, et peut mobiliser aujourd'hui les authentiques démocrates dans leur combat contre l'impérialisme. On trouve cette ferveur démocratique dans les appels à l'imagination autocréatrice de Ralph Waldo Emerson, dans les sombres avertissements d'une autodestruction imminente d'Herman Melville, dans les odes passionnées à la possibilité démocratique de Walt Whitman. On en trouve l'accent le plus pressant et le plus poignant dans les voix prophétiques du long combat des Noirs pour la liberté – de l'éloquence démocratique de Frederick Douglass aux sermons civiques de Martin Luther King, dans la déchirante honnêteté artistique de James Baldwin et de Toni Morrison, et dans la force expressive et le génie d'improvisation de la tradition du blues et du jazz, toutes forgées sur le versant sombre de l'Amérique et défiant les humiliantes restrictions de la suprématie blanche. Les plus grandes ressources intellectuelles, morales, politiques et spirituelles susceptibles de raviver l'âme de la démocratie américaine et de préserver son avenir résident dans ce riche héritage démocratique multiracial.

Ne soyons pas dupes : le grand combat du XXIe siècle est le démantèlement de l'empire et l'approfondissement de la démocratie. C'est autant un combat colossal contre des visions et des idées qu'une lutte décisive contre les profits et les missiles. La mondialisation est inéluctable ; il s'agit de savoir si ce sera une mondialisation démocratique ou une mondialisation financière sous la coupe des États-Unis, dissimulée derrière une fine couche de rhétorique démocratique. C'est pourquoi notre réflexion, nos engagements et nos luttes ont une telle importance aujourd'hui dans les questions de démocratie. Nous vivons un moment propice et cependant périlleux où il est devenu de bon ton de célébrer les avantages du gouvernement impérial et de tolérer le déclin de la gouvernance démocratique. Le climat général de l'opinion et la culture de consommation nous rendent difficile d'imaginer simplement un renouveau des profondes énergies démocratiques de notre passé, et de concevoir de réels progrès dans la lutte contre l'impérialisme.

Mais nous devons nous souvenir que le pouvoir démocratique se fonde sur le désir des citoyens ordinaires de reprendre leur pays des mains d'élites ploutocratiques et impériales corrompues. Ce désir implique que la population se réveille des mensonges séducteurs et des illusions réconfortantes qui l'ont assoupie, et que soit canalisée une nouvelle énergie politique qui constitue une formidable menace pour le *statu quo*. C'est ce qui s'est passé en 1860, 1890, 1930 et 1960 dans l'histoire américaine. Au moment même où nous paraissions au bord de perdre l'expérience démocratique américaine face à la guerre civile, à l'avidité impériale, à la dépression économique et au bouleversement racial – à chaque fois un sursaut démocratique et une énergie militante ont émergé pour garder à flot notre projet démocratique. Nous devons œuvrer et espérer en un nouveau réveil une fois encore.

CHAPITRE PREMIER

Le nihilisme en Amérique

« Je songe aux maux de mon pays / la tempête éclatant du fond du Temps / Sur le plus bel espoir du monde lié au plus grand crime de l'homme. »

Herman MELVILLE,
Misgivings, 1860

« Le pouvoir divin peut venir / La Domination (refusée par les hommes libres) / et le Dôme d'Airain / Renforcé sous la contrainte / Peut projeter au loin son ombre immense / Le rêve des fondateurs s'évanouira. »

Herman MELVILLE,
The Conflict of Convictions, 1860-1861

« L'évolution qui a vu la politique électorale assimilée aux pratiques du marché – candidats vendus comme des produits, élections réduites à des slogans publicitaires, électeurs manœuvrés dans la position où le *caveat emptor* devient leur guide le plus fiable – nous amène à cette conclusion que le despotisme postmoderne est l'effondrement du politique dans l'économique et l'émergence d'une forme nouvelle, l'État économique. Il s'agit, pour

> reprendre les termes de Tocqueville, d'un régime bienveillant où le pouvoir se transmue en sollicitude, la souveraineté populaire en consumérisme, l'assurance sociale en fonds mutuels, et la démocratie des citoyens en une démocratie d'actionnaires.
>
> Sheldon S. WOLIN,
> « Postdemocracy »,
> *Tocqueville between two Worlds*, 2001

Le plus effrayant dans l'Amérique impériale, ce ne sont ni les mensonges à courte vue du parti républicain ni la pathétique lâcheté du parti démocrate, même si ce dernier a quelque peu redressé l'échine face aux flagrants excès de Bush. Ce qui est vraiment terrifiant, outre la menace permanente d'attaques terroristes, c'est la montée insidieuse de nihilismes paralysants qui franchissent la barrière des divisions politiques et étouffent peu à peu les plus profondes énergies démocratiques en Amérique. Dans *Race Matters*, j'ai défini la montée du nihilisme dans l'Amérique noire comme « l'expérience d'affronter une vie terrifiante par sa vacuité, son absence d'espoir et, pire encore, d'amour ». Cet effondrement massif du sens de la vie, de l'espoir et de l'amour tient avant tout à « l'omniprésence des forces du marché et de leur morale dans la vie des Noirs, et à la crise actuelle des leaders noirs ». Les familles privées de ressources et les communautés dépourvues de réseau social sont incapables de se forger une armure culturelle assez forte pour les protéger des démons du désespoir, de la peur et de la désillusion. Des criminels nihilistes s'engouffrent souvent dans ce vide pour dominer une brutale économie souterraine et une communauté effrayée, tandis que l'excessive timidité des leaders noirs prive des gens à l'agonie de toute vision énergisante.

Il va sans dire que le nihilisme ne se limite pas à l'Amérique noire. La dépression, le sentiment d'être sans valeur et le désespoir social sont largement partagés par l'Amérique tout entière. La grande majorité des citoyens qui luttent pour préserver leur niveau de vie, élever leurs enfants et vivre une vie décente sont sans illusions sur des forces sociales qui leur semblent placées hors de leur contrôle. Comme dans la communauté noire, l'omniprésence des forces du marché dans la vie américaine génère une morale de marché qui sape tout sens de la vie et tout projet à long terme. Le dogme de l'intégrisme du marché a perdu toute mesure et la quête du profit par tous les moyens – légaux ou non, transparents ou non – guide les institutions les plus puissantes et les plus influentes dans notre vie, à savoir les multinationales. Pourtant, les élites financières ne contrôlent pas totalement les forces du marché, même si elles cherchent à les faire plier à leur profit. Leur course effrénée met certes à flot quelques bâtiments, mais surtout pollue les fonds et épuise les énergies démocratiques nécessaires pour guider le vaisseau de l'État. En fait, elle prive le vaisseau de la confiance publique et du sentiment d'une destinée commune dont il a un besoin vital.

L'impression d'une corruption à grande échelle dans les plus hautes sphères de la société semble souvent justifier une quête sans principes de la réussite dans sa propre vie – et la tricherie généralisée dans notre culture reflète cette triste vérité. L'effet accablant de la morale de marché suscite une forme de somnambulisme de la naissance à la mort. La plupart des citoyens se bornent à s'intéresser à leur carrière personnelle et à se distraire par de vagues divertissements, ayant abandonné tout espoir de modeler réellement le destin collectif de la nation. Le cynisme amer, l'apathie politique et l'évasion culturelle sont devenus les options les plus courantes.

Le public a de bonnes raisons d'être sans illusions sur le système démocratique américain. De fait, l'omniprésence des forces et de la morale de marché a corrompu notre système de haut en bas. Nos élites dirigeantes elles-mêmes ont perdu foi dans l'efficacité des principes démocratiques face à l'écrasant pouvoir de ces forces du marché, prises comme elles le sont dans leur influence corruptrice. Nos politiciens ont sacrifié leurs principes sur l'autel des intérêts particuliers ; nos élites économico-financières ont sacrifié leur intégrité sur l'autel du profit ; et nos chiens de garde des médias ont sacrifié la dissonance d'opinion sur l'autel de l'audimat.

Nos élites dirigeantes peuvent bien *vouloir* croire encore aux principes démocratiques, comme elles le professent ; en pratique, elles ont été bien trop désireuses de violer ces principes pour gagner ou conserver le pouvoir. Le revers du nihilisme du désespoir est ce nihilisme de l'abus de pouvoir sans principe. Quand prévaut l'absence de foi dans la force des principes, ce vide est rempli par le désir du pouvoir du marché et l'aspiration à réussir aux dépens des autres, au lieu d'aspirer à la décence et à l'intégrité. Dans nos centres-villes frappés par la pauvreté, ce nihilisme suscite les gangs de rue, tandis que, sous les lambris du pouvoir, il suscite une gangstérisation d'élite que j'appelle le nihilisme *politique*.

En dépit de leur rhétorique religieuse et de leurs grandes déclarations patriotiques radotées *ad nauseam*, la plupart des politiciens américains ont succombé à la corruption du marché, qui leur apparaît comme un mal nécessaire. L'attachement à la vérité, à l'intégrité et aux principes laisse place au mensonge, à la manipulation et à la désinformation dans un marché politique de plus en plus dépourvu de principes. Le nihilisme politique donne désormais le ton du discours public, et la morale de marché dessine le paysage d'une démocratie américaine étranglée. La lutte pour un marché (ou une élection) remplace trop souvent la résolution des problèmes dans le respect des principes ; les mensonges séduisants prennent la place de vérités inconfortables ; les tractations d'antichambre remplacent le débat public. Le vaste éventail des voix citoyennes est étroitement canalisé par des médias soumis au marché qui limitent grossièrement l'exposé public du sentiment populaire. Il existe certes des voix passionnées de désaccord, qui s'expriment souvent avec une ferveur particulière par le biais de ce média merveilleusement démocratique qu'est l'Internet. On y a assisté à un déversement massif d'indignation contre Bush, ce qui est un signe prometteur du renouveau du discours démocratique. Mais la censure du marché reste insidieuse.

La démocratie américaine s'est toujours appuyée sur une économie capitaliste de prospérité soumise au marché ; de même que notre capitalisme a toujours été la cible de corruptions antidémocratiques, privant des milliers de gens des fruits de la prospérité, notre système politique a été victime à son tour de la corruption capitaliste. La marque du nihilisme politique est l'appel public à la peur et à l'avidité, et une grande part de la politique américaine actuelle se réduit à ces vulgaires appels. Bush a ainsi étayé ses réductions d'impôts irresponsables sur la promesse largement chimérique d'une remise d'impôts par enfant, et fait passer son Patriot Act en jouant sur la peur du terrorisme. Un nihiliste politique est quelqu'un qui n'est pas seulement ivre de l'exercice du pouvoir, mais qui veille aussi à étouffer soigneusement toute critique. Il aura recours à des arguments retors pour rationaliser son désir de pouvoir et déployer des stratégies efficaces, ignorant délibérément la souffrance qu'il provoque pour modeler le monde et contrôler l'histoire. Le mot « nihilisme » peut sembler trop fort, mais nous avons vu le président Johnson avoir recours à ce genre de tactique dans l'affaire du golfe du Tonkin au cours de la guerre du Vietnam, et le président Bush faire de même avec les armes de destruction massive lors de l'invasion de l'Irak.

En conséquence de cette corruption nihiliste, le profond engagement dans la démocratie a été si bien sapé dans l'Amérique d'aujourd'hui que trop de gens ont non seulement perdu leurs illusions sur nos politiciens, mais aussi toute foi dans l'efficacité du gouvernement en général et dans l'honnêteté de l'Amérique des affaires en général. Pourtant, de nombreux citoyens aspirent encore à entendre une authentique expression des valeurs démocratiques et à croire que les politiques mises en œuvre le sont pour le bien public, et non pour servir d'étroits objectifs électoraux ou intérêts de l'élite.

Nous souffrons aujourd'hui, en Amérique, de trois formes particulières de nihilisme politique, chacune ayant ses fausses justifications et ses conséquences pernicieuses : le nihilisme évangélique, le nihilisme paternaliste et le nihilisme sentimental. On trouve l'expression classique du nihilisme évangélique dans la *République* de Platon, chez le personnage de Trasymaque, le sophiste qui soutient contre Socrate que la force prime le droit. Trasymaque se moque de la vérité, de l'intégrité et des principes en soutenant que le pouvoir, la puissance et la force doivent dicter l'action et la politique publiques. La force brute, et non les principes moraux, détermine ce qui est juste, et ce qui est juste doit être dicté par les élites impériales, parce que ce type de pouvoir est nécessaire pour assurer la sécurité et la prospérité nationales. Dans le véritable esprit évangélique, ces nihilistes tendent à devenir militants, ne supportant aucun point de vue contradictoire. La mission fondamentale du questionnement socratique est de montrer que cette militance est moralement fausse et spirituellement vide.

Ainsi, les activistes du parti républicain – et notamment les faucons de l'administration Bush – ne sont pas simplement des élites conservatrices et des idéologues de droite. Ce sont avant tout des *nihilistes évangéliques*, ivres de pouvoir et menés par la grande illusion de la domination américaine dans le monde. Ils ont d'ailleurs accepté de mentir et d'abuser de leur contrôle sur le pouvoir américain pour continuer d'exercer cette domination. Contrairement à leur idole Ronald Reagan – un maître en communication conservateur et un vrai croyant dans la justesse de la puissance américaine –, les nouveaux faucons semblent penser que c'est la puissance de l'Amérique qui détermine ce qui est juste. Selon ce mode de pensée, nous ne serions pas si puissants si nous n'étions pas dans le vrai, de sorte que notre puissance est la preuve même que nous avons raison. Cette puissance de l'Amérique justifie en outre le refus d'écouter nos critiques ou de leur répondre, même lorsqu'il s'agit de nos anciens alliés aux Nations unies ou de citoyens de bonne volonté manifestant dans les rues. L'arrogance de l'Amérique signifie simplement que nos manœuvres de pouvoir doivent être des formes de renforcement du pouvoir des autres. Ce que nous faisons est fatalement pour le bien des autres, même s'ils ne sont pas d'accord ou s'en trouvent blessés. Bush et son cercle interne ont agi en nihilistes évangéliques exemplaires, en Trasymaque modernes, sans aucun respect pour le questionnement socratique sur leurs positions et leurs actes. Ils qualifient d'ailleurs un tel questionnement d'antipatriotique.

Pourtant, la réalité actuelle du nihilisme politique ne se limite pas à la simple arrogance nihiliste évangélique de l'administration Bush. On trouve aussi un certain nihilisme politique dans les rangs du parti démocrate, sous la forme du *nihilisme paternaliste*. Le modèle du nihilisme paternaliste apparaît chez Dostoïevski, dans *Les Frères Karamazov*, sous la figure du Grand Inquisiteur, un prêtre de Séville ayant perdu toutes ses illusions à l'époque de l'Inquisition. Le Grand Inquisiteur est devenu si cynique qu'il a beau savoir que les abus de l'Inquisition sont une horrible perversion des enseignements du Christ, perpétrés par une Église affreusement corrompue, il prend néanmoins part à ces abus en condamnant au bûcher beaucoup de supposés infidèles. Il en est venu à croire que l'Église corrompue est ce que l'humanité peut espérer de mieux, parce que la société humaine n'est simplement pas capable de vivre selon les enseignements du Christ. Nous sommes incapables d'atteindre le monde d'égalité, d'humilité et de compassion pour lequel Il a ordonné à l'humanité de lutter. Mieux vaut ne pas tout bouleverser par des rêves irréalistes d'une transformation radicale de la société. L'élite de l'Église, pense-t-il, peut faire plus de bien en travaillant au sein du système corrompu, en trompant paternellement le public et en protégeant la société du terrible fardeau des exigences de la vérité. Il a lié son sort à la corruption.

Les élites du parti démocrate, notamment au Sénat et à la Chambre, ne sont pas seulement des libéraux et des partisans centristes de l'égalité sociale et des libertés individuelles ; ce sont aussi des nihilistes paternalistes frappés d'inefficacité à force de consentir aux corruptions d'un système avide de pouvoir. Même s'ils souhaitent que le système serve des objectifs plus véritablement démocratiques, ils ont succombé à la croyance qu'un combat plus radical pour une démocratie plus véritable et contre la corruption des élites est voué à l'échec. Aussi sont-ils entrés dans le jeu général, avec la croyance sans illusion qu'ils le font au mieux des intérêts du public. Il va sans dire qu'ils ont beaucoup plus à offrir que les républicains, surtout le président Bush et son stratège politique en chef, Karl Rove, et qu'ils vont jouer un rôle indispensable dans le front uni anti-Bush dont nous avons un besoin crucial pour revitaliser la démocratie américaine. Pourtant, ils restent davantage un problème que la solution à notre impasse.

La notion nihiliste paternaliste selon laquelle on peut faire beaucoup de bien en travaillant au sein d'un système corrompu n'est pas totalement fausse. Les meilleures législations démocrates – celles du New Deal et de la Grande Société – ont été passées grâce à une maîtrise experte du système. Mais le parti démocrate actuel a perdu sa mission fondatrice consistant à combattre la ploutocratie. Certes, les élites économico-financières de l'Empire américain ont toujours projeté leur ombre sur le fonctionnement du gouvernement américain. Mais ces élites ont beau être puissantes, elles ne sont pas toutes-puissantes. Les dirigeants du parti démocrate semblent avoir oublié que les élites financières peuvent être contraintes à faire des concessions sous la pression de forces démocratiques organisées. Notre histoire a montré que c'est possible. La raison clé pour laquelle les femmes n'ont pas pu voter jusqu'en 1920, les peuples indigènes jusqu'en 1924 et la plupart des Noirs jusqu'en 1964, était leur incapacité à amener des groupes de pression démocratiques organisés à œuvrer pour limiter le pouvoir des riches hommes blancs. Mais dès qu'ils ont été en mesure de rassembler ces forces organisées, ils ont obtenu le droit de vote.

Au cours de l'histoire de l'Empire américain, le gouvernement a souvent été un outil destiné à préserver et élargir la puissance des hommes blancs de l'élite économico-financière – un minuscule pourcentage des Blancs de ce pays. Franklin Delano Roosevelt a eu la particularité de s'opposer à eux avec une détermination, une vision et un courage excédant de loin ceux de Theodor Roosevelt et Woodrow Wilson, ses prédécesseurs progressistes. Ce n'est pas un hasard si Franklin Roosevelt est si puissamment haï des élites nihilistes évangéliques de l'empire actuel. La spécificité de Lyndon Johnson a été de reconnaître que les intérêts des pauvres Blancs rejoignaient ceux de la grande majorité des Noirs américains, vision avancée dans l'ouvrage désormais classique de Michael Harrington, *The Other America* (1962). L'œuvre de Roosevelt et de Johnson a été salutaire en ce sens qu'elle a fait avancer la tendance démocratique, et non pas ploutocratique, de l'Empire américain. Mais elle est avant tout le résultat d'une pression organisée de la part du mouvement ouvrier sous Roosevelt, et des mouvements des Noirs et des retraités sous Johnson.

L'exemple et le legs de Franklin Roosevelt dans les années 1930 et 1940, et de Johnson dans les années 1960, sont les moments forts de la politique démocratique et du succès électoral du parti démocrate aux États-Unis, preuve que le gouvernement américain peut être aux côtés des travailleurs, des pauvres et même des Noirs dans le cadre de l'empire. Sous Roosevelt, le pouvoir organisé des travailleurs a été légitimé ; sous Johnson, la moitié des Noirs et des retraités de toutes couleurs sont sortis de la pauvreté. Ces réussites, résultat d'une lutte intense, nous apparaissent parfois à ce point hors de portée qu'il semble futile de les prendre comme modèles. Mais se réclamer de ce fort héritage démocratique est précisément la mission qui attend le parti démocrate aujourd'hui. Un test essentiel pour réussir ce renouveau sera pour lui de réagir de façon plus authentique aux préoccupations des Noirs, en les concevant comme des questions non pas d'intérêt « particulier », mais d'intérêt public. Cela permettrait un renforcement de la puissance électorale et morale du parti. Comme l'a écrit de façon si tranchante Michael Dawson en 2001 dans *Black Visions. The Roots of Contemporary African-American Political Ideologies,* « ce qui ne devrait pas nous surprendre, c'est qu'à l'aube de ce siècle les Afro-Américains continuent de penser que la démocratie américaine est morte – et les élections présidentielles de l'an 2000 n'ont rien fait pour les convaincre que la nation est sur la voie de la guérison. Les Afro-Américains attendent encore que la vision des Noirs d'une société juste et égalitaire devienne une vision américaine. Pourtant, il apparaît de plus en plus nettement que de nombreux Afro-Américains redoutent que Malcolm X ait eu raison en craignant que les Noirs aient une vision de la liberté plus large que l'Amérique n'est disposée à l'accepter ».

Les élites du parti démocrate se soucient en général fort peu de dire au peuple américain combien leur parti et celui de leurs collègues républicains sont liés aux grandes entreprises et aux lobbys. Leur acquiescement mou à la guerre de Bush en Irak et leur soutien à l'assouplissement des lois sur les grandes entreprises qui ont entraîné la récente vague de scandales en sont deux exemples flagrants. En votant ces lois, la plupart des démocrates ont trahi leur conscience au profit de leur stratégie de réélection. Contrairement à leur idole

Bill Clinton – un maître en communication néolibéral qui a subordonné sa conscience aux exigences des stratégies de réélection, tout en faisant passer son opportunisme grâce à son charisme –, les élites du parti démocrate sont frappées d'impuissance par leur excès de timidité et paralysées par leur cupidité, qui les contraint à faire une cour assidue aux donateurs des grandes entreprises. Leurs compromis sans principes renforcent l'idée que le gouvernement des États-Unis est sous l'influence des multinationales et des groupes de pression.

Les sénateurs Hillary Clinton et John Kerry sont des modèles de nihilistes paternalistes : des grands inquisiteurs contemporains qui aspirent à croire en une grande vision démocratique tout en étant incapables de parler avec sincérité ou de s'attaquer au cœur de la corruption du système. Ils plient donc l'échine devant les instituts de sondage, les groupes de pression et les intérêts des grandes entreprises, tout en adoptant une rhétorique populiste et en épousant les préoccupations démocratiques. Leur politique centriste ou conservatrice sur la réforme sociale, la guerre d'Irak et le conflit israélo-palestinien nous en dit long sur leur opportunisme. En cela, ils suivent l'un et l'autre la voie tracée par Bill Clinton, contribuant involontairement à la dérive conservatrice du pays incarnée par les républicains.

Le nihilisme politique en Amérique aujourd'hui ne se limite pas à l'arène des partis politiques ; il a infiltré également notre culture des médias sous la forme du *nihilisme sentimental*. Alors que la mission essentielle des organes d'information dans une démocratie devrait être d'exposer les mensonges et les manipulations de nos dirigeants politiques et économiques – et de nombreux chiens de garde des médias se consacrent encore à cette tâche –, une trop grande part de ce que l'on nous vend pour de l'information n'est qu'une forme grossière de divertissement. Quantité d'émissions suivent une formule éprouvée consistant à donner des événements une couverture émoustillante qui se masque elle-même comme information. Les pourvoyeurs de cette forme abâtardie d'information sont des nihilistes sentimentaux soucieux d'éluder la réalité, voire de travestir la vérité ou des faits impopulaires pour fournir un spectacle satisfaisant sur le plan émotionnel. Cette domination du sentiment sur la vérité ne vise qu'à gagner des parts de marché. Nos médias sous la coupe du marché sont devenus bien trop contraints dans la couverture des vérités déplaisantes, bien trop soucieux des préoccupations et points de vue des Blancs de la classe moyenne et supérieure, et bien trop sensibles aux persuasions politiques des magnats des médias.

En conséquence, nous assistons à une crise d'éthique des médias, toujours en quête de « bonnes » histoires, quitte à tordre la vérité ou à tolérer de pures inventions. Les pressions écrasantes du marché ont en outre suscité une explosion d'experts ouvertement partisans, et même les plus honnêtes des médias limitent souvent la profondeur de leur analyse et le nombre de vérités qu'ils dévoilent pour ne pas froisser les publicitaires et l'opinion dominante.

Nous assistons au vibrant renouveau d'une information alternative par le biais d'Internet, avec de nombreux sites de discussion permettant d'aborder les problèmes sous des perspectives beaucoup plus diverses – même si certains montrent un excès de partialité dans l'autre sens. Il reste aussi de nombreux journalistes de qualité, détenteurs d'une réputation et d'un lectorat suffisamment établis pour pouvoir écrire encore des articles percutants, et de nombreux périodiques spécialisés offrant des analyses substantielles. Mais nos médias de masse sont dominés par des chasseurs d'ambulances et des plumitifs grossièrement partisans, pour la plupart de droite. De nombreux journalistes croient sincèrement au principe de la liberté de la presse et au rôle spécifique qu'elle doit jouer dans notre démocratie, tout en tombant trop souvent dans le sentiment parce qu'ils manquent à agir en accord avec ce principe.

On trouve la description la plus forte de ce nihilisme sentimental plein de principes dans *Beloved* de Toni Morrison, sous l'espèce de la famille Bodwin. Mr et Mrs Bodwin, un frère et une sœur, sont des abolitionnistes qui ont aidé un certain nombre d'esclaves à gagner leur liberté. Mais au cours du roman, leurs conversations trahissent les limites de leur attachement à l'égalité raciale et de leur détermination à lutter pour elle. Ils apprécient leur vie confortable et, même s'ils se voient comme des cœurs meurtris qui abhorrent les maux de l'esclavage, ils refusent de parler de ses horreurs profondes à leurs *alter ego* blancs, et même aux anciens esclaves qu'ils ont contribué à faire libérer. Ils savent tout de la vénalité de l'esclavage, mais n'ont pas le courage de parler avec hardiesse et confiance parce qu'ils redoutent le rejet social. Cette absence de désir de dire la vérité, quel qu'en soit le coût social pour soi-même, est la caractéristique fondamentale du nihilisme sentimental.

Beaucoup de nos experts en médias – des néolibéraux à l'extrême droite – sont des nihilistes sentimentaux. Ils ont conscience des liens qui unissent les médias aux intérêts financiers et au gouvernement, tout en étant incapables de s'élever clairement contre cette corruption. Alors que notre mythologie culturelle insiste sur la notion d'une information impartiale « juste et équilibrée », nos organes de presse ont toujours été plus partiaux que cet idéal, et toujours sujets aux pressions du marché. Mais aujourd'hui, la partialité vulgaire de nos médias en arrive à corrompre notre vie publique. Ceux qui pratiquent cette information biaisée renforcent la polarisation et la balkanisation des citoyens et contribuent au déclin de la confiance publique dans des échanges politiques dotés de sens. Les élites des médias se vautrent dans une quête acharnée du pouvoir – sous forme d'indices d'écoute et de parts de marché – sans égard pour les conséquences sur notre démocratie.

Si les experts de droite étalent sans vergogne leurs flatteries superficielles, les contraintes plus subtiles et plus insidieuses qui s'exercent sur l'information véritable ne sont pas moins troublantes. Il est assez facile de dénoncer les manipulations sentimentales de nos bonimenteurs grandiloquents. En revanche, ceux qui croient davantage aux principes et au rôle d'une presse libre et équilibrée tout en se pliant aux pressions du marché représentent une menace plus sérieuse.

Le nihilisme sentimental reste prudemment à la surface des problèmes au lieu de plonger dans leurs substantielles profondeurs. Il se borne à en donner un exposé simpliste au lieu de décrire leur complexité. Ce triste spectacle de journalistes pleins d'ambition et pourtant pleins de docilité et de déférence n'a pas échappé au public et a contribué à son apathie à l'égard de la politique. Quant aux journaux et aux émissions plus pénétrants et plus déterminés, ils doivent eux aussi lutter pour des parts de marché, face au puissant attrait qu'exercent les versions plus divertissantes destinées à la masse. Plus grave encore, le recours obsessionnel et racoleur à des statistiques douteuses et des déclarations d'experts autoproclamés détourne les citoyens d'une véritable reconnaissance des causes institutionnelles de la misère sociale.

La démocratie dépend pour une large part d'une presse libre et sincère, désireuse d'aborder des vérités pénibles sur notre société – y compris celle de sa propre complicité dans une information superficielle et simpliste. Il ne peut y avoir de *paideia* démocratique (la culture critique d'une citoyenneté active) sans une *parrhésie* démocratique (une presse forte et courageuse, prête à s'élever contre la désinformation et le mensonge des élites). Les questions de démocratie sont en péril quand une presse prétendument libre manque d'autonomie ou de courage pour inspirer les énergies démocratiques.

Ces nihilismes si prégnants dans la démocratie américaine actuelle ont tracé la voie à une renaissance de l'impérialisme – ultime expression du pouvoir soumis au marché. La mentalité nihiliste dominée par le marché (la quête de la richesse et du pouvoir) suscite une pulsion de conquête ; et quand la morale du marché prévaut sur le principe démocratique, l'impérialisme règne en maître. Le nihilisme obsédé par le marché – la grande entreprise comme incarnation de la volonté absolue – est le talon d'Achille de la démocratie américaine paradant comme le plus beau joyau de sa couronne. Cet intégrisme du marché est depuis si longtemps le prérequis de la démocratie américaine que nous l'avons sacralisé comme un fétiche auquel nous rendons un culte.

Ces trois menaces nihilistes relient le spirituel au social, le personnel au politique et l'existentiel à l'économique. Elles modèlent chaque dimension de notre vie, de la chambre à coucher à la salle de conférences, de la rue au palace. Une réflexion sérieuse sur les questions de démocratie va toujours bien au-delà d'un simple point de vue sur les prochaines élections. Elle nous oblige à penser de façon plus large l'avenir de la République américaine, et la question primordiale qu'il nous faut affronter dans le monde d'après le 11 septembre, c'est la menace que représente cette montée de l'impérialisme. Le nihilisme de notre culture politique et cet impérialisme déferlant vont main dans la main. La pulsion impérialiste ne nous définit pas complètement, mais elle a chez nous une longue et brutale histoire qu'il nous faut affronter. Si nous voulons comprendre ce nihilisme impérialiste qui court si profondément dans notre culture, nous devons avant tout examiner son histoire et, pour ce faire, commencer par la race. La construction de l'empire et l'oppression et l'exclusion racistes sont intimement liées dès le départ.

Les peuples indigènes, les paysans mexicains, les travailleurs asiatiques et surtout les esclaves africains ont lutté en Amérique contre des formes de nihilisme antidémocratique inconnues de la plupart des immigrants européens – quels qu'aient été par ailleurs leurs combats héroïques contre la dureté des préjugés dans ce pays. L'antisémitisme, l'anticatholicisme et l'antisyndicalisme ont terriblement marqué l'histoire américaine. Mais c'est le legs pernicieux de la suprématie blanche qui a infligé ses blessures les plus graves au paysage américain. Ces blessures nous offrent un prisme profond pour déceler de profondes vérités sur les limites de la démocratie en Amérique.

L'expérience démocratique américaine est unique dans l'histoire humaine, non pas parce que Dieu nous a choisis pour gouverner la planète, ni parce que nous serions toujours une force du bien dans le monde, mais du fait de notre refus de reconnaître les racines profondément racistes et impériales de notre projet démocratique. Nous sommes exceptionnels par notre déni des fondements antidémocratiques de la démocratie américaine. Aucune autre nation démocratique ne se vautre d'une façon si éhontée dans l'innocence de l'auto-illusion, dans une répugnance aussi paralysante à affronter le côté sombre de sa propre histoire. Cette fuite sentimentale hors de l'histoire, cette échappée adolescente hors de vérités douloureuses sur nous-mêmes, signifie que même si nous vieillissons, grandissons et montons en puissance, il nous faut encore devenir adultes. Affronter le rôle de la race et de l'empire, c'est certes nous confronter à ce que nous préférerions ignorer, mais nous évitons cette confrontation au risque de notre maturation démocratique. Creuser notre héritage de race et d'empire, c'est délivrer nos forces démocratiques souvent négligées de questionnement socratique, de témoignage prophétique et d'espoir tragicomique.

S'engager dans ce questionnement socratique de l'Amérique ne consiste pas à descendre notre pays en flammes, mais à démêler dans notre histoire les traditions qui nous aident à affronter ces dures réalités que nous persistons à nier. Le but de ce questionnement socratique est la *paideia* démocratique – la culture d'une citoyenneté active et informée –, afin de préserver et d'approfondir notre expérience démocratique. La race a toujours été le test de cette maturité en Amérique. Reconnaître les racines profondément racistes et impériales de notre projet démocratique n'est anti-américain que si l'on s'accroche à la croyance enfantine en une Amérique pure et sans tache, ou si l'on opte pour des rationalisations nihilistes autodestructrices. Désormais, l'une de nos tâches les plus cruciales en tant que démocrates est d'exposer et de démêler les pulsions antidémocratiques au sein de notre démocratie. C'est quand nous affrontons le défi de notre tendance antidémocratique en tant que pays que naissent nos engagements démocratiques les plus profonds, sur le plan individuel et sociétal. Seuls les nihilistes parmi nous tremblent dans leurs bottes à une telle perspective.

En scrutant les profondes racines de l'impérialisme dans l'histoire américaine, il faut se souvenir que la plupart des grands projets démocratiques dans l'histoire humaine – d'Athènes à l'Amérique – ont des racines xénophobes et impériales. Le plus célèbre discours de l'Athènes démocratique – la grande oraison funèbre de Périclès rapportée dans l'*Histoire des guerres du Péloponnèse* de Thucydide – célébrait la démocratie à Athènes tout en glorifiant sa domination impériale sur les autres peuples. « Parmi toutes les cités, Athènes est aujourd'hui la seule qui sache à l'heure de l'épreuve se montrer supérieure à sa réputation, proclamait Périclès. [...] Il n'est pas de terre, il n'est pas de mer que nous n'ayons contrainte d'ouvrir une route à notre audace et nous avons partout laissé des monuments impérissables de nos entreprises, de nos échecs comme de nos succès. » Même cette démocratie athénienne tant vantée était sérieusement compromise, enracinée comme elle l'était dans l'esclavage, le patriarcat et le bénéfice économique du travail à faible coût de résidents étrangers (comme le grand Aristote), privés du droit de vote. De même, les expériences démocratiques romaine, française, anglaise et allemande se sont appuyées sur un fondement impérial.

Le paradoxe fondamental de la démocratie américaine est d'avoir vaillamment émergé comme une expérience démocratique fragile au sein d'un Empire britannique opprimant (aidé en outre par les Empires français et hollandais), tout en abritant ses propres visions impériales d'expansion vers l'ouest, avec plus de 20 % de sa population formée d'Africains soumis à l'esclavage. En bref, nous sommes une démocratie de rebelles qui a recréé dans sa nouvelle nation beaucoup des oppressions contre lesquelles elle avait lutté. La Déclaration d'indépendance, rédigée pour l'essentiel par le jeune révolutionnaire Thomas Jefferson – qui incarnait lui-même ce paradoxe en étant à la fois un courageux combattant de la liberté contre l'impérialisme britannique et un aristocrate propriétaire de centaines d'esclaves africains dans sa Virginie bien-aimée –, offre un testament qui en dit long sur ce caractère complexe et contradictoire de l'expérience démocratique américaine.

La référence dans la Déclaration aux peuples indigènes comme à des « sauvages » méritant une domination américaine expansionniste pour « l'empire de la liberté » vient souligner cette contradiction. Jefferson soulève ce thème en énumérant les accusations des colonies contre l'oppression britannique : « Il [l'oppresseur britannique] a fomenté des révoltes intestines et tâché de soulever contre les habitants de nos frontières les sauvages et impitoyables Indiens, dont la règle de guerre bien connue est de détruire sans distinction les êtres de tous âges, sexes et conditions. » Quelques années après avoir rédigé la Déclaration, Jefferson proclamait qu'il tremblait pour son pays quand il pensait aux souffrances des esclaves – souffrances dont il savait pertinemment qu'elles avaient permis sa carrière politique, puisque ses vues esclavagistes étaient si populaires après de ses électeurs, et auxquelles il avait si intimement et si directement contribué, tant par sa politique publique que par son comportement personnel. Pourtant, en 1783, moins d'une décennie après la Déclaration de Jefferson, le président de la Cour suprême du Massachusetts déclara la fin de l'esclavage dans son État, « parce qu'une idée différente s'est emparée du peuple d'Amérique » selon laquelle « tous les hommes naissent libres et égaux », et à laquelle « répugne totalement l'idée de naître esclave ».

George Washington lutta avec cette tension sur le champ de bataille et dans son âme. Avec son armée continentale composée à 25 % de Noirs qui fut victorieuse à Yorktown, il lutta pour se dépouiller de sa mentalité de propriétaire d'esclaves, libérant finalement ses esclaves à sa mort. Il mit ses concitoyens en garde contre une implication dans les affaires impériales et les guerres de l'Europe, tout en reconnaissant que l'avenir de la jeune république démocratique reposait sur l'expansion vers l'ouest et l'assujettissement des peuples indigènes. En 1787, Benjamin Franklin, dans son discours de conclusion à la Convention constitutionnelle, lança une terrible mise en garde, prophétisant que l'Amérique risquait de finir en république despotique aux citoyens dociles : « J'aggrée cette Constitution avec tous ses défauts, si elle en a : car je crois un gouvernement général nécessaire pour nous, et il n'est pas de forme de gouvernement qui ne soit un bienfait pour le peuple s'il est bien administré ; je crois en outre que celui-ci a une chance d'être bien administré pendant quelques années, pour finir en Despotisme, comme d'autres l'ont fait avant lui, quand le Peuple sera tombé dans une telle corruption qu'il aura besoin d'un Gouvernement Despotique, étant incapable d'en avoir un autre. » Depuis la naissance de la démocratie américaine, donc, la bataille a fait rage sur l'étendue des libertés, le degré d'égalité et la tension entre éléments démocratiques et xénophobes.

La vérité la plus douloureuse dans la construction de l'Amérique – une vérité qui ruine toutes nos prétentions à l'innocence et toutes nos tentatives de déni –, c'est que la mise en esclavage des Africains et l'expansion impériale sur les peuples indigènes et leurs terres ont été d'indéniables prérequis à la possibilité de la démocratie américaine. Il ne pourrait y avoir une chose telle qu'une expérience démocratique en Amérique en l'absence de ces fondements racistes et impériaux. Ce n'est certes pas par accident que, de la fondation de la nation (1789) jusqu'à la guerre civile (1861), la grande majorité des juges de la Cour suprême, la plus haute instance juridique du pays, ont été des propriétaires d'esclaves et des expansionnistes impériaux. Sur ces soixante-douze ans, ces mêmes hommes ont tenu la présidence des États-Unis pendant quarante-neuf ans, et ce sont les seuls à avoir été réélus.

L'ouvrage le plus puissant et le plus poignant jamais écrit sur l'Amérique, le très classique *De la démocratie en Amérique* d'Alexis de Tocqueville (1835-1840), est parvenu à des conclusions assez sombres sur ce mélange létal de race, d'empire et de démocratie. Tocqueville craignait que l'Amérique ne produise une nouvelle forme de despotisme dans le monde : un despotisme démocratique – terme repris par William Du Bois presque un siècle plus tard. Ce despotisme serait responsable du génocide des peuples indigènes, et incapable de créer une démocratie multiraciale du fait des pratiques suprémacistes de la majorité blanche du pays. Le dernier et plus long chapitre du premier volume de Tocqueville – chapitre souvent sauté ou traité à la légère par les intellectuels qui contribuent au déni de l'Amérique de ses racines racistes et impériales – expose le défi le plus difficile et le plus délicat posé à l'expérience démocratique américaine : la race et l'empire vont-ils saper les bases de cette démocratie ? « Je n'imagine pas, écrit-il, que les races blanche et noire vivront jamais dans aucn pays sur un pied d'égalité. Mais je crois la difficulté plus grande encore aux États-Unis que n'importe où ailleurs. Un individu isolé peut surmonter les préjugés de religion, de son pays ou de sa race, et si cet individu est roi il peut effectuer des changement surprenants dans la société : mais tout un peuple ne peut s'élever au-dessus de lui-même. Un despote qui soumettrait les Américains et leurs anciens esclaves sous le même joug pourrait peut-être réussir à mêler leurs races ; mais tant que la démocratie américaine reste à la tête des affaires, personne n'entreprendra une tâche si difficile ; et on peut prédire que plus la population blanche des États-Unis deviendra libre, plus elle sera isolée. [...] Si jamais l'Amérique connaît de grandes révolutions, elles seront suscitées par la présence de la race noire sur le sol des États-Unis – à savoir qu'elles devront leur origine non à l'égalité, mais à l'inégalité des conditions. »

L'astuce prophétique de la critique de Tocqueville est parfois attribuée à son statut d'étranger ; pourtant, de l'intérieur même du pays, des voix célèbres ou oubliées avaient exprimé avant lui ces mêmes craintes quant aux ultimes conséquences du racisme et de l'impérialisme. Elles s'exprimaient avec plus de force que nous ne pouvons le faire aujourd'hui sur la nature menaçante de ces deux forces jumelles, alors que le pays était aux prises avec les paradoxes implicites à sa fondation. Le Noir libre David Walker et l'abolitionniste blanche Lydia Maria Child – deux intellectuels dans la grande tradition démocratique – avaient déjà soulevé la question explosive de Tocqueville. En 1829, Walker publia son déchirant *Appeal to the Colored Citizens of the World*, ouvrage banni à peu près dans toute l'Amérique et cause de son assassinat en 1830. Soulignant l'hypocrisie de Thomas Jefferson, l'auteur de la Déclaration qui se livrait en outre, dans ses célèbres *Notes on the State of Virginia*, à une analyse dégradante de l'infériorité des Afro-Américains, Walker écrivait : « Mr Jefferson a-t-il déclaré au monde que nous sommes inférieurs aux Blancs, dans les dons naturels tant de nos corps que de nos âmes ? Il est de fait surprenant qu'un homme de si grand savoir, combiné à de si excellentes parties naturelles, puisse parler ainsi d'un ensemble d'hommes dans les chaînes. [...] Savez-vous que Mr Jefferson a été l'un des plus grands caractères qui soit jamais né parmi les Blancs ? Voyez ses écrits pour le monde et ses travaux pour le bien public des États-Unis d'Amérique. Croyez-vous que les affirmations d'un tel homme tomberont dans l'oubli, ne laissant aucune trace sur ce peuple et le reste du monde ? Dans ce cas, vous vous trompez lourdement. Voyez comment nous traite le peuple américain : y a-t-il une âme dans notre corps ? [...] Voyez votre Déclaration, Américains !!! Comprenez-vous votre propre langage ? Écoutez ce langage, proclamé au monde le 4 juillet 1776 : "Nous tenons pour évidente cette vérité que TOUS LES HOMMES NAISSENT ÉGAUX !" »

Child, une abolitionniste radicale, admonestait le pays sur les maux de l'esclavage en 1833, dans *An Appeal in Favor of that Class of Americans Called Africans* : « J'ai pleinement conscience de l'impopularité de la tâche que j'ai entreprise, mais même si j'attends le ridicule et la censure, je ne les crains pas. [...] Si c'était le moyen d'avancer, ne serait-ce que d'une heure, le progrès inévitable de la vérité et de la justice, je n'échangerais pas la conscience pour toute la richesse des Rothschild, ou la gloire de sir Walter. Qui ne voit que le peuple américain marche sur un feu souterrain, dont les flammes sont nourries par l'esclavage ? »

Le plus grand roman jamais écrit par un Américain, *Moby Dick* (1851), est l'exploration virulente des maux du pouvoir impérialiste nihiliste, pouvoir qu'il reconnaissait et abhorrait au cœur même du caractère américain. Melville était un antiraciste et un anti-impérialiste ardent, ainsi qu'un fervent démocrate ; ironiquement, il avait pour beau-père le juge qui soutint la pernicieuse « loi sur l'esclave fugitif » – futur catalyseur de la guerre civile – et

Moby Dick peut se lire en partie comme un commentaire des maux de la démocratie américaine. Le nihiliste Achab, ivre de pouvoir, folle incarnation d'un désir de domination et de conquête nourri par un ego blessé et un orgueil démesuré, mène son équipage multiracial dans les abysses de l'histoire, le fétiche de la blancheur dansant devant ses yeux.

La grandeur d'Abraham Lincoln a été d'affronter publiquement le côté sombre de la démocratie américaine à travers un profond questionnement socratique, un inlassable amour prophétique de la justice et un poignant espoir tragicomique d'une « union plus parfaite », même au cœur de l'ouragan de la suprématie blanche qui faillit rayer de la carte l'expérience démocratique américaine. Malgré sa distance vis-à-vis des abolitionnistes fervents, sa suspension autoritaire de l'*habeas corpus* durant la guerre civile et sa répugnance à embrasser la démocratie multiraciale, Lincoln illustre l'intégrité de l'énergie démocratique. Il savait que les expériences démocratiques exigent non seulement un dévoilement courageux de la vérité, mais aussi une sagesse pratique. Si Lincoln était moralement opposé à l'esclavage, la décision de libérer les esclaves (mais uniquement ceux du Sud confédéré) restait pour lui un combat herculéen. Ce combat en lui-même est emblématique de l'intrication entre démocratie, race et empire au cœur même de la nation. Il savait fort bien que les États de la Frontière ne soutenaient la cause de l'Union que du bout des lèvres, et que libérer les esclaves risquait de les jeter dans les bras de la Confédération ; son amour pour l'expérience démocratique américaine l'enferma donc dans une horrible ironie qui l'obligea à tolérer les pratiques américaines les plus antidémocratiques.

Ce n'est que lorsqu'il comprit que l'apport de plus de cent cinquante mille soldats noirs serait crucial pour sauver l'Union qu'il sortit sa Proclamation d'émancipation, ce qui le mena par la suite à soutenir le plan de vote multiracial de La Nouvelle-Orléans – décision directement responsable de son assassinat par John Wilkes Booth, partisan de la suprématie blanche. Sa *Seconde adresse inaugurale* de trois minutes est l'expression la plus profonde du questionnement socratique, du témoignage prophétique et de l'espoir tragicomique jamais prononcée par un président américain, révélant ce qu'une lutte sérieuse avec les implications du racisme et de l'empire peut extraire de quiconque a une passion pour les questions de démocratie : « Tendrement nous espérons, ardemment nous prions pour que ce fléau terrible de la guerre puisse bientôt finir. Cependant, si Dieu veut qu'elle continue jusqu'à ce que toute la richesse amassée par les esclaves pendant deux cent cinquante ans de travail non récompensé soit détruite, et jusqu'à ce que chaque goutte de sang versée par le fouet soit payée par une autre versée par l'épée, comme il fut dit voici trois mille ans, il nous faut dire encore que "les jugements du Seigneur sont pleinement vrais et justes". »

Ironiquement, aussitôt après la fin de la guerre, le gouvernement des États-Unis allait déployer des troupes dans la cause impérialiste d'une nouvelle expansion vers l'ouest, s'engageant dans une guerre de génocide contre les peuples indigènes. Et au bout de douze années d'une brève expérience de démocratie multiraciale appelée Reconstruction, les forces du racisme allaient se relever pour soumettre les Noirs américains au brutal et long régime de « Jim Crow » – la ségrégation raciale. En somme, l'Union a gagné la plus barbare des guerres du XIXe siècle, mais la suprématie blanche et l'expansionnisme impérial ont gagné la paix américaine. Vers la fin du XIXe siècle, les peuples indigènes étaient dans des réserves, les terres mexicaines avaient été totalement annexées, les travailleurs asiatiques déportés, et le terrorisme ségrégationniste régnait sur la plupart des Noirs américains. Avec la fin de l'expansion continentale – la Destinée manifeste ayant rempli sa mission nationale –, l'expansionnisme transcontinental se déploya pleinement.

La guerre civile a été la première guerre moderne, avec un recours à la technologie moderne et aux ressources d'un État moderne pour la mobilisation de masse. C'est ainsi que le combat sur la race et l'empire propulsa littéralement l'expérience démocratique américaine dans la modernité. Mais cette modernité était porteuse de tentations et de défis propres à notre démocratie. Dans le sillage de la guerre, l'industrialisme triomphant perdit tout contrôle, et le dogme de l'intégrisme de l'économie de marché se mit à régner en maître. Le pays donna naissance à une nouvelle espèce de ploutocrates, les « barons voleurs » qui dirigèrent des entreprises libres de toute régulation et accumulèrent des fortunes obscènes. Ironiquement, les droits de ces grandes entreprises furent défendus au nom du quatorzième amendement, promulgué à l'origine pour défendre les droits des Noirs américains. Le lien entre expansion transcontinentale et richesse ploutocratique ne doit pas être négligé. Le pouvoir des élites impériales et financières et la division des citoyens sur la question des races au sein de la nation sont les plus anciennes formules de la gouvernance nihiliste en Amérique.

L'expérience démocratique américaine est entrée dans le XXe siècle en tant qu'empire à part entière, avec des possessions outre-mer (Hawaii, Cuba, les Philippines, Guam, Porto Rico, Samoa, soit plus de six millions de gens de couleur) et des systèmes racistes de terreur sur les Noirs, les métis, les Asiatiques et les Peaux-Rouges. Elle s'était aussi assuré une hégémonie sur l'Amérique du Sud et l'Amérique centrale en renforçant la doctrine Monroe qui, en 1823, stipula pour la première fois la « souveraineté » impériale des États-Unis sur les nations de l'Amérique latine. La plupart des peuples de couleur furent confinés dans de pauvres communautés rurales, tandis que des vagues successives d'immigration venues d'Europe, remplissaient les villes américaines d'une population nouvelle fournissant une force de travail bon marché. La formule accouplant le pouvoir des élites financières à la division raciste des citoyens semble avoir prévalu ; mais cette formule trop ambitieuse entraîna souvent une corruption, des pots-de-vin et des querelles internes, suscitant une heureuse réaction démocratique.

Ce mélange complexe d'engagement démocratique et d'impérialisme nihiliste est au cœur de notre démocratie, et l'engagement démocratique a fait de grands pas. Il a toujours existé des forces poussant à la réalisation de la vision démocratique exprimée dans la Déclaration. Les trois formes les plus indigènes de radicalisme démocratique, initiées par les hommes blancs dans l'expérience américaine – le populisme, le progressisme et le syndicalisme – ont fortement contribué à limiter la corruption et l'avidité des élites ploutocratiques et des politiciens corrompus. Le mouvement populiste mené par les fermiers a été une réaction à l'intégrisme de l'économie de marché des « rois de l'argent » et des « princes des affaires » de l'âge d'or. Il appelait à une participation plus démocratique des producteurs ruraux dans les politiques gouvernementales et économiques. Le mouvement progressiste fut une réaction des classes moyennes urbaines à la corruption unissant les politiciens aux élites, et à l'avidité sans bornes des rois de la finance. Il appelait à plus de démocratie et d'efficacité bureaucratique dans les politiques publiques. Le mouvement syndicaliste fut la réponse des ouvriers (souvent de nouveaux immigrants) à l'intégrisme de l'économie de marché des propriétaires des grandes entreprises et des grands financiers. Il réclamait un contrôle démocratique accru sur le lieu de travail, et notamment un droit de regard sur le montant des salaires.

Ces trois mouvements décisifs ont exprimé chacun à sa manière les aspirations démocratiques des citoyens blancs dans les limites de l'Empire américain de l'époque. Ils se sont rarement attaqués à la suprématie blanche ou à l'expansion impériale. En fait, ils avaient tous les trois des tendances xénophobes et impérialistes, même s'ils étaient profondément démocratiques. S'ils restent des réussites vitales pour l'approfondissement de notre démocratie, il nous faut reconnaître la réticence de chacun à aborder l'héritage de la race et de l'empire, ainsi que la nécessité d'une vigilance sans faille sur ces trois fronts décisifs. Le membre du Congrès Thomas Watson, nommé en 1904 et 1908 président du parti populiste, était l'un de ses éléments les plus courageux, souvent prêt à lutter aux côtés des fermiers noirs dans le Sud ségrégationniste ; pourtant, il termina sa carrière dans la peau d'un partisan du Ku Klux Klan. Woodrow Wilson était un politicien progressiste exemplaire, qui lutta sincèrement contre les abus de pouvoir des grandes entreprises ; pourtant, l'une de ses premières mesures en tant que président fut de réinstaurer la ségrégation dans la capitale des États-Unis, et sa fameuse charte de la liberté en politique étrangère ne s'étendait ni à l'Afrique, ni à l'Asie, ni à l'Amérique latine. Eugene Debs fut l'un de nos plus grands syndicalistes et le chef du parti socialiste américain. Sa croisade contre les grandes inégalités de richesse reste légendaire ; mais malgré ses propres vues antiracistes, il ne put convaincre son organisation d'intégrer des gens de couleur.

De vaillantes armées de démocrates américains ont gagné de magnifiques batailles contre le dogme de l'intégrisme du marché, mais elles ont été loin de réaliser le rêve de la démocratie pour tous les peuples. Tandis que l'Empire américain intégrait avec réticence les grandes luttes mondiales du XXe siècle contre les forces nihilistes de l'impérialisme et du fascisme, il lui restait encore de puissants combats à mener à l'intérieur.

L'âge de l'Europe, qui s'est ouvert en 1492 avec la découverte des Amériques et l'expulsion des Juifs et des musulmans d'Espagne, a pris fin en 1945 avec l'effort nazi pour annihiler les Juifs et un Empire américain au centre de la scène historique mondiale. Lors de la mobilisation générale d'août 1914, qui sonna les premières salves de la Première Guerre mondiale, la race et l'empire constituaient les limites invisibles de la démocratie américaine, à peine perçues par la plupart des Blancs, et pourtant brutalement vécues par les peuples de couleur. La guerre brisa le mythe du progrès et les illusions de sécurité, tout en révélant les brutales réalités et les désirs bestiaux de l'Europe impériale. À mesure que les grands Empires européens s'effondraient – austro-hongrois, ottoman et tsariste –, des bouleversements cataclysmiques survenaient partout dans le monde. L'Empire britannique, secoué par la victoire anti-impérialiste des Sud-Africains au début du siècle, puis par la Première Guerre mondiale, se retira financièrement et militairement d'Amérique latine et d'Asie, suivi des Empires français, belge et hollandais. L'Empire allemand, humilié, se tourna vers l'intérieur pour de nouveaux rêves de domination mondiale sous la houlette du xénophobe impérial Hitler. Les banques et les grandes entreprises de l'Amérique impériale remplacèrent bientôt les Britanniques, tandis que le monde se préparait au second round de la guerre de trente ans dans l'Europe impériale. À mesure que la livre anglaise chutait et que l'étalon-or s'effondrait, une dépression mondiale s'installa.

La Grande Dépression porta un coup dévastateur aux aspirations à l'avancée sociale et économique des pauvres et des peuples non-blancs d'Amérique. Si, comme le disait le président Calvin Coolidge, l'affaire de l'Amérique, ce sont les affaires, alors l'Amérique des rêves n'existait plus. Selon la plus grande pièce de théâtre américaine, *Le marchand de glace est passé*, écrite en 1939 par le plus célèbre dramaturge américain, le démocrate sans illusions Eugene O'Neill, l'Amérique était un paysage stérile de rêves perdus – un paysage jonché de débris d'arrogance, d'avidité et de bigoterie. O'Neill ne voyait aucune issue : même le questionnement socratique et le témoignage prophétique lui semblaient sans espoir. Certains cherchèrent l'inspiration dans le nouvel Empire soviétique, mais sa brève alliance avec Hitler et les atrocités staliniennes firent sombrer tous leurs espoirs. L'Europe impériale entra dans un long et profond tunnel, avec la seule détermination de l'impérial Winston Churchill pour barrière entre la domination nazie et toute possibilité démocratique en Europe. Le fascisme, et surtout le vicieux despotisme démocratique de Hitler (élu par les Allemands), projetèrent leur ombre redoutable sur la quasi-totalité de l'Europe impériale, avec leurs alliés fascistes Mussolini et Franco. Des autocrates militaristes agressifs au Japon s'étant emparés des terres asiatiques et toute l'Afrique étant sous la domination des Empires européens (y compris la brève colonisation de l'Éthiopie par l'Italie fasciste), seuls les Empires américain et soviétique semblaient en mesure de s'opposer à la conquête du monde par les nazis. Et c'est précisément ce qu'a accompli l'alliance historique de ces deux empires : défaire les forces fascistes dans le monde au prix de cinquante millions de morts, dont six millions de Juifs dans les camps de concentration nazis, avec les Tziganes, les communistes et les homosexuels. L'incroyable courage des forces armées de l'Amérique de Jim Crow (365 000 morts) et l'incroyable vaillance de l'armée soviétique (vingt millions de morts) donnèrent au monde une autre chance pour la démocratie.

Un petit avant-poste britannique était devenu le plus grand pouvoir impérial du monde, avec pour seul concurrent un Empire soviétique en ruines. Pourtant, la race hantait encore l'Empire américain – ironie d'autant plus amère qu'il venait de remporter une victoire héroïque sur un régime raciste en Europe. Avec les champignons nucléaires au-dessus de Hiroshima et de Nagasaki pour symboliser la défaite des objectifs de domination impériale du Japon, l'Amérique était le dernier mastodonte debout après la frénésie nihiliste d'un monde ivre de pouvoir et poussé par l'avidité.

Pourtant, comme c'est souvent le cas dans notre triste comédie humaine, la paix ne dura pas longtemps ; dans la guerre froide entre les Empires américain et soviétique qui fit aussitôt rage en Turquie, en Grèce, en Allemagne et en Corée, la première arme idéologique de l'Empire soviétique contre les prétentions démocratiques de l'Empire américain était son traitement raciste des Noirs américains et son refus de soutenir les mouvements de libération de l'Afrique colonisée, de l'Asie et de l'Amérique latine frappées de pauvreté. À l'époque comme aujourd'hui, la race et l'empire pesaient lourd sur la crédibilité de l'Amérique dans les discussions mondiales sur les questions de démocratie.

Nul ne songerait à nier les formes vicieuses de répression et d'enrégimentation dans l'Empire soviétique comme dans la Chine de Mao, mais l'innocence affichée de l'Amérique et son déni de la race et de l'empire ont largement affaibli une position qui aurait pu être plus forte si la franchise avait prévalu.

De même que la Seconde Guerre mondiale a relevé l'économie américaine de la Grande Dépression, la guerre froide a créé aux États-Unis un complexe militaro-industriel qui a produit une concentration de pouvoir militaire sans précédent dans l'histoire humaine. Une telle puissance tend à enivrer la plupart des dirigeants de haut niveau. Avoir un tel pouvoir à sa disposition est en soi presque inhumain, et il est pratiquement impossible de rester humble et intègre dans ces conditions. Nous ne devrions pas être surpris, en creusant sous les clichés et les incantations de routine des dirigeants américains, de découvrir une obsession du pouvoir et de la puissance aussi prévalente. Seuls des citoyens informés, exigeant qu'on leur rende des comptes, et l'inflexibilité d'une loi juste peuvent contrecarrer le nihilisme des élites impériales, ici comme ailleurs.

Cette difficile leçon sur la puissance des forces du nihilisme dans notre démocratie nous a été fournie de la façon la plus vivante par le mouvement de libération des Noirs mené par Martin Luther King. Celui-ci avait compris qu'il faudrait une somme énorme de questionnement socratique, de témoignage prophétique et d'espoir tragicomique pour casser les reins de l'apartheid américain. Mais il avait aussi compris qu'il faudrait une vision et un courage plus puissants encore pour démanteler les dimensions impériales de l'expérience démocratique américaine et offrir une réelle égalité de chances à tous. Quand il déclarait que les bombes lancées sur le Vietnam tombaient aussi dans les ghettos américains – et dans les Appalaches blanches, au coin des rues asiatiques, sur les terres des Peaux-Rouges, dans les *barrios* des métis ou les cases noires – il soulignait le lien étroit entre l'empire, la classe et la race, entre les guerres impériales, les inégalités de richesse et les pratiques racistes. Il mourut parce que sa vision et son courage étaient simplement trop forts pour que les nihilistes le supportent – surtout le FBI. Sa vie, intersection de l'amour et de la démocratie, constituait la menace la plus puissante contre les mensonges et l'hypocrisie des nihilistes ivres de pouvoir, poussés par l'avidité et aveugles à un avenir plus démocratique.

Martin Luther King a offert aux Américains leur dernier grand appel à la conscience sur ce double mal de la race et de l'empire, nous appelant à choisir entre démocratie et empire, entre démocratie et suprématie blanche, entre démocratie et ploutocratie économico-financière. (Il faudrait ajouter : entre démocratie et patriarcat, homophobie et maltraitance écologique.) Depuis sa mort, nous avons assisté à un réalignement conservateur des citoyens, notamment à travers des appels racialement codés (délits, discrimination, *busing*, aide sociale, *affirmative action*). Nous avons vu la « sudisation » de la politique américaine et la ségrégation raciale *de facto* des écoles, des églises et des quartiers d'Amérique. Le mouvement de Martin Luther King a pourfendu le vieux Jim Crow légal, mais Jim Crow junior est vivant et bien portant. Sur le plan mondial, l'impérialisme américain règne, avec les invasions de Grenade, du Panamá, du Nicaragua, de l'Afghanistan et de l'Irak (mais sans toucher aux dictateurs amis des États-Unis en Indonésie, au Pakistan, en Arabie saoudite ou en Chine). Le renversement du régime totalitaire de Saddam

Hussein était souhaitable ; pourtant, nous l'avons soutenu pendant des années et il nous reste encore à remplir nos promesses sur une éventuelle démocratisation de l'Irak. Notre invasion impériale s'inscrit donc dans le cadre des intérêts américains, et non pas du principe démocratique.

Les Américains doivent comprendre que l'Amérique est devenue un véritable empire : un géant militaire, un havre financier, un colosse politique et culturel dans le monde. Le budget militaire des États-Unis compte pour plus de 40 % des dépenses militaires dans le monde. C'est six fois le montant des dépenses militaires de la nation numéro deux (la Russie) et plus que celles des vingt-trois nations suivantes réunies. L'Amérique est la première puissance nucléaire (neuf mille ogives) ; elle possède plus de 650 implantations militaires, soit 1,45 million de soldats déployés dans cent trente-deux pays sur tous les continents excepté l'Antarctique. Sa puissance de feu – missiles, navires, bombes intelligentes, robots, avions et tanks – est sans précédent dans l'histoire passée et présente. En matière financière, le dollar américain est la monnaie des réserves mondiales, les stocks de Wall Street constituant les deux tiers de la valeur des bourses du monde. Les États-Unis sont la nation la plus endettée, parce que les investisseurs étrangers détiennent leurs actions et leurs réserves en dollars par sécurité. Les déficits commerciaux, les déficits budgétaires, ainsi que la dette américaine, sont soutenus par ces investissements étrangers.

Les plus puissantes institutions financières internationales – la Banque mondiale, le Fonds monétaire international et les banques de développement multilatéral – sont dominées par les États-Unis. Pourtant, seuls 0,2 % de leur produit national brut sont consacrés à l'aide étrangère, dont plus de 50 %

vont à Israël et à l'Égypte. Les nations les plus pauvres, notamment en Afrique, ne la perçoivent qu'au compte-gouttes. Sur le plan mondial, les Nations unies, largement financées par les États-Unis (qui disposent d'un veto symbolique au Conseil de sécurité), sont influencées de façon disproportionnée par les intérêts américains. La corruption ouverte ou la terreur pure et simple qui règne dans certaines des cent quatre-vingt-dix nations du monde sont le reflet des prouesses politiques américaines. Sur le front culturel, Mc Donald, Starbucks, Wal-Mart, Coca-Cola, le hip-hop et Hollywood sont présents partout dans le monde.

La question fondamentale de tout engagement sérieux dans les problèmes de démocratie à l'âge de l'Empire américain est de savoir comment rendre le monde sûr pour l'héritage de Martin Luther King et de ses alliés démocrates de toutes couleurs. Si nous voulons mieux promouvoir la démocratie dans le monde, résoudre les difficiles problèmes au cœur du Moyen-Orient et affronter les autres défis démocratiques qui se présenteront inévitablement, nous devons reconnaître enfin la profondeur du racisme et de l'impérialisme que nous avons infligés à tant de gens chez nous et aux peuples de couleur dans le monde entier.

Parler de race et d'empire en Amérique, c'est parler des moyens de rassembler le courage de penser et de lutter pour les questions de démocratie face à une monumentale éclipse de l'espoir, un effondrement sans précédent du sens de la vie et un mépris flagrant des points de vue et des aspirations des autres. La négrification en Amérique a toujours été le test pour étudier les menaces nihilistes dans le pays. Pourtant, nous voyons rarement la négrification comme constitutive de l'Amérique – ni d'ailleurs le nihilisme. Aux yeux du monde, la négrification est marginale, alors que l'optimisme est central à l'Amérique. Mais à notre époque, quand nous poussons la race vers les marges, nous nous mettons tous en péril, et plus seulement les gens de couleur. Si nous devons affronter les forces contemporaines de nihilisme évangélique, paternaliste et sentimental qui prévalent aujourd'hui dans notre pays, nous devrons puiser dans les profonds aperçus de notre tradition démocratique qui court du même pas que ces forces nihilistes. Les voix et les vues de l'impérialisme nihiliste ont beau dominer actuellement notre discours, ce ne sont pas les voix authentiques de la démocratie américaine.

Le défaut majeur de nos nihilistes contemporains – évangéliques, paternalistes et sentimentaux – est de manquer d'une vision démocratique substantielle, ancrée dans un profond engagement aux idéaux qu'ils professent. Les nihilistes évangéliques comme le président Bush et Karl Rove nous ont donné une grossière vision d'une Amérique impériale en shérif solitaire poliçant de façon unilatérale un monde de plus en plus dépendant du pétrole, du commerce international et des investissements étrangers, tandis qu'une obscène inégalité de richesses monte en flèche chez elle. Pour eux, l'authentique démocratie importe peu, la ploutocratie règne et l'empire gouverne. Les nihilistes paternalistes comme les sénateurs Hillary Clinton et John Kerry proposent une vision technocratique séduisante mais faible d'une Amérique moteur de l'économie mondiale, assurant son hégémonie par un pouvoir non militaire, tandis que les inégalités de richesses se stabilisent (ou déclinent légèrement) chez elle. Dans cette perspective, la démocratie compte un peu, des élites économico-financières assez libérales dominent un gouvernement bien tempéré, et l'empire parle d'une voix douce en cachant son gros bâton. Ces nihilistes paternalistes se sont empressés d'approuver le scénario inventé par les nihilistes évangéliques de l'Empire américain, de sorte que nous, le public de masse, n'avons pas entamé le profond questionnement qui aurait dû suivre le 11 septembre. Ironiquement, les nihilistes sentimentaux des médias, qui auraient dû encourager ce questionnement, ont accepté avec bonheur le scénario de l'administration Bush sur les armes de destruction massive et les liens de Saddam Hussein avec Al Qaida, et savouré la frénésie médiatique sur la guerre, en oubliant de traquer la vérité sur les coupes d'impôts de Bush ou sur les farces environnementales et sociales que nous inflige son administration. Ils sont en train de devenir de purs parasites de leurs hôtes nihilistes évangéliques et paternalistes.

L'objectif de ce livre est de promouvoir une puissante vision démocratique et critique enracinée dans une profonde tradition démocratique forgée sur le versant obscur de la précieuse expérience démocratique américaine – une tradition d'examen socratique, de pratique prophétique et de sombre espoir. Cette vision nous emmène bien au-delà de celles des nihilistes américains. C'est une vision socratique, prophétique, tragicomique, marquée par le jazz et saturée de blues, qui pose l'Amérique comme une expérience démocratique confiante et pourtant humble qui devrait soutenir la loi internationale et les institutions multilatérales excluant les arrangements impériaux et les invasions coloniales ; promouvoir les activités de partage et de production de richesses chez les nations riches et pauvres ; et faciliter un honnête transfert des richesses aux travailleurs et aux pauvres par le biais d'investissements massifs dans les soins médicaux, l'éducation, l'emploi et la préservation de notre environnement. Dans cette vision – filtrée à travers le prisme de la race en Amérique –, la démocratie compte beaucoup, les travailleurs et les citoyens pauvres gouvernent et l'empire est démantelé ; toutes les nations et tous les peuples peuvent respirer librement et aspirer aux questions de démocratie s'ils ont la vision et le courage suffisants pour le faire.

CHAPITRE II

Une profonde tradition démocratique

« Nous sommes un peuple qui tend à la démocratie sur le plan de l'espoir ; sur un autre plan, l'économie de la nation et l'empire des affaires au sein de la république incluent l'un et l'autre dans leurs prémisses le concept de guerre perpétuelle. [...] Mais autour, au-dessous et au-dessus, c'est une autre réalité ; comme l'eau du désert conservée dans les semences sous la surface du sol, comme l'antique réponse du désert exigeant ses canaux et la bénédiction d'un vaste travail pour pouvoir agir et fleurir. Cette histoire est celle d'une possibilité. [...] Tout ce que nous pouvons faire, c'est croire en la semence et vivre dans cette croyance. »

Muriel RUKEYSER,
The Life of Poetry, 1949

« Si le premier espoir du démocrate est de construire dans la zone de chevauchement entre le progrès pratique et l'émancipation individuelle, le second espoir est que ce travail réponde aux besoins et aux aspirations des hommes et des femmes ordinaires. La démocratie ne peut progresser comme un présent non reconnu que ferait une ruse de l'histoire à une nation réticente. »

Roberto MANGABEIRA UNGER,
Democracy Realized.
The Progressive Alternative,
1998

Notre système démocratique semble si mal en point que beaucoup ont perdu tout espoir que leur participation puisse faire une différence. La politique axée sur l'intérêt personnel au service des intérêts particuliers d'une élite est désormais si dominante qu'ils se demandent : « À quoi bon voter ? »

Cette désaffection tient à la fois à la profonde corruption de notre système et à une désillusion psychologique plus profonde encore. Le discours politique regorge de formules taillées sur mesure pour les urnes, de slogans lancés par des groupes qui n'ont rien de substantiel à dire et ne touchent jamais au cœur de notre expérience vécue. Le manque d'authenticité de ce discours et l'absence d'envergure, de pénétration et de sagesse qu'il suppose chez nos politiciens est totalement paralysant. Mais il nous faut garder à l'esprit que ce dégoût vient d'un profond désir d'entendre exprimer des points de vue plus authentiques sur notre vie, et un engagement plus réel à l'améliorer. Nous voudrions entendre exprimer un réel souci des difficultés de notre vie individuelle et du bien commun, au lieu d'une sempiternelle préoccupation pour les intérêts privés d'une petite élite. Nous aspirons à une politique qui ne se soucie pas de gagner un jeu électoral, mais de générer une vie meilleure.

Ce que nous obtenons dans la réalité en est si éloigné que l'espoir d'entendre une voix authentique en politique a fini par sembler grotesquement naïf. Pourtant, c'est bien l'aspiration à un discours honnête qui a suscité le soutien passionné à Howard Dean. Ce n'est pas un hasard s'il a électrisé tant de jeunes adultes, souvent moins abattus par la désillusion que leur inspire le système. C'est pourquoi la rhétorique violemment anti-Bush qu'avait à offrir Howard Dean a été pendant un moment émotionnellement satisfaisante, mais finalement trop limitée. Il lui manquait des aperçus plus substantiels et une vision démocratique positive. La « vision » des républicains, comme celle des démocrates, est gravement problématique. L'étroit discours du « nous-contre-eux » est devenu si dominant qu'il a fini par noyer tout débat authentique sur des questions réelles. Si de nombreux électeurs restent mobilisés par la polarisation croissante de nos partis politiques, il existe un dégoût sous-jacent pour nos élus.

La nature peu inspirante de notre culture politique n'a fait que renforcer l'attrait de la poursuite du plaisir et des divertissements, et beaucoup d'entre nous se sont réfugiés dans une vie sociale et familiale étroitement circonscrite. Les rurbains blancs et les classes moyennes noires s'absorbent dans la quête quotidienne du confort matériel. Bien souvent, ils se claquemurent dans de confortables communautés physiques et sociales où ils peuvent oublier tranquillement les laides réalités qui affligent tant de nos concitoyens. Pourvu qu'ils puissent acheter les voitures et prendre les vacances qu'ils veulent, ils s'empressent de dédaigner la politique et les dysfonctions sociales qui affligent notre pays, ou d'en accepter de faciles explications.

La communauté noire est de plus en plus divisée, les classes moyennes et supérieures contre les ghettos des centres-villes. Trop de dirigeants noirs ont été pris dans le jeu politique dominant et se sont détournés de leur engagement à mieux défendre les Noirs pauvres. Entre-temps, une génération de Noirs victimes de l'effondrement cataclysmique des structures sociales et civiques des centres-villes se trouvent relégués dans des vies d'extrême aliénation et de vaine poursuite de gratifications à court terme.

Le vide de notre culture politique a aussi suscité une montée de religiosité civique sous l'espèce de la droite religieuse, avec sa vertu malavisée et sa vision étroite, excluante et punitive des fléaux sociaux du pays. La pulsion de ses partisans à rejoindre ce mouvement de masse tient sans doute au désir d'échapper au vide de ce qu'ils perçoivent comme une culture dépravée ayant perdu tout sens moral, mais il reste que ce mouvement viole l'éthique même de compassion et d'œcuménisme qu'il prétend professer. Il a pris une telle ampleur qu'il est devenu une énorme force antidémocratique de division dans le pays.

Lorsque nous examinons notre démocratie, notre critique de l'impérialisme renaissant ne doit donc pas se limiter à l'administration Bush. Il ne suffit pas de répudier cette administration. Se tourner vers le multilatéralisme et vers des politiques fiscales et sociales qui ne favorisent pas grossièrement les plus riches sont des missions essentielles, mais ce moment historique doit aussi être l'occasion d'un examen de conscience plus approfondi. Notre démocratie souffre de maux psychosociaux plus graves, et c'est ici que notre profonde tradition démocratique devient vitale.

La dissonance d'être à la fois un ardent croyant en des idéaux démocratiques – comment ne pas les aimer lorsqu'on est exposé à eux ? – et un réaliste à l'œil ouvert sur les décourageantes réalités de la vie quotidienne en Amérique peut être alternativement enrageante, paralysante et accablante. Mais de cette dissonance sont aussi issues nos accusations les plus passionnées contre les échecs de l'Amérique en matière de démocratie, de l'invitation de Ralph Waldo Emerson à se cultiver soi-même et sa louange de l'abolitionnisme radical de John Brown au portrait sombrement tragique que dresse Herman Melville du nihilisme impérialiste d'Achab, de l'ironique critique par Mark Twain de la suprématie blanche aux profondes explorations de James Baldwin et de Toni Morrison des cicatrices psychiques du racisme, jusqu'à l'indignation éloquente de Tupac Shakur. Les éléments violents et avides du projet culturel américain se projettent si puissamment dans le monde que celui-ci a développé avec l'Amérique une relation problématique d'amour-haine dont il nous faut désormais affronter les conséquences extrêmes. Il reste que des légions d'Américains sont eux aussi offensés par la perversion de nos idéaux démocratiques.

Cette vigilance démocratique s'est exprimée dans la vie américaine par la voix des artistes, des militants et des intellectuels. Ils ont un rôle unique à jouer pour mettre en lumière les possibilités et les difficultés de l'individualité, de la communauté et de la société démocratiques en Amérique. Ils ont été les agents fondateurs de notre profonde tradition démocratique. Les visions pénétrantes et les inspirantes vérités énoncées par Ralph Waldo Emerson, Walt Whitman, Herman Melville et Eugene O'Neill, William Du Bois, James Baldwin, John Coltrane, Lorraine Hansberry et Toni Morrison illustrent le profond potentiel de la démocratie en Amérique.

La féroce vision morale et l'engagement démocratique fervent de ces auteurs ont toujours tenu en respect les ploutocrates et les élites impériales, instillant leur énergie à l'activisme démocratique de citoyens de toutes classes et de toutes couleurs. Ils ont été la force vive derrière l'attachement individuel et civique des Américains à la démocratie.

La profonde tradition démocratique n'a pas commencé en Amérique et nous n'avons pas le monopole de son espoir. Mais c'est ici que les semences de la démocratie se sont le plus profondément enracinées et ont fleuri avec le plus d'abondance. À Athènes, la première grande expérience démocratique fut menée par un mouvement de citoyens-paysans visant à contraindre les oligarques grecs qui abusaient de leur pouvoir à leur rendre des comptes. La démocratie est toujours le mouvement d'un public énergisé venu réclamer des comptes à ses élites : c'est fondamentalement une reprise de pouvoir face aux abus de celles-ci. En ce sens, la démocratie est plutôt un verbe qu'un nom – davantage une lutte dynamique dans un mouvement collectif qu'un ordre immobile ou un *statu quo*. La démocratie n'est pas un simple système de gouvernement, comme nous tendons à le penser, mais une façon d'être culturelle. C'est ici que se font entendre les voix de nos grands pourvoyeurs de vérités démocratiques.

Les deux figures paradigmatiques de la tradition démocratique américaine sont Ralph Waldo Emerson et Herman Melville, deux géants à l'origine de deux courants démocratiques distincts. Le plus émersonien des intellectuels démocrates américains est James Baldwin, et la plus melvillienne est Toni Morrison.

Le parrain indiscutable de cette tradition démocratique est Emerson, écrivain d'une éloquence visionnaire et premier intellectuel pleinement démocrate des États-Unis. Emerson avait faim avant tout de communiquer avec un large public. Il plongea avec appétit dans les brûlantes questions sociales de son époque (l'annihilation des Indiens, l'esclavage), en soulignant la nécessité pour les individus démocrates d'être non conformistes, courageux et vrais envers eux-mêmes. Il estimait que dans le cadre limité de leur liberté personnelle, les individus peuvent et doivent créer leur propre individualité démocratique. Il avait compris que la démocratie n'est pas le simple fonctionnement d'un système politique, mais avant tout des individus mobilisés, éclairés et tenant en suspicion le pouvoir de l'autorité, qui contribuent à créer et maintenir une authentique communauté démocratique, un type de société sans précédent dans l'histoire humaine. Il savait en outre que cette mission exigeait de remettre en question les dogmes prévalents, ainsi que nos propres croyances et biais individuels. Un public démocrate doit créer en permanence de nouvelles attitudes, de nouveaux vocabulaires, de nouvelles conceptions et de nouvelles visions – tous appuyés sur l'engagement individuel à l'examen et à la volition. Il refusait la sagesse conventionnelle des dirigeants et les étroites déclarations des experts. Dans *La Confiance en soi,* il écrit : « Celui qui voudrait être un homme doit être non conformiste. Celui qui voudrait cueillir des lauriers immortels ne doit pas en être empêché au nom de la bonté, mais doit rechercher s'il s'agit vraiment de bonté. Rien, en définitive, n'est sacré, que l'intégrité de votre esprit. » Et aussi : « Il arrive un moment où, dans son éducation, chacun parvient à la conviction que l'envie est ignorance ; que l'imitation est suicide, qu'il doit s'accepter comme tel pour le meilleur et pour le pire, comme le lot qui lui est dévolu ; que même si le bien abonde dans l'univers, aucun grain de blé nourrissant ne peut venir à lui, si ce n'est par l'intermédiaire du labeur qu'il consacre au lopin de terre qui lui a été donné afin qu'il le cultive. La puissance qui réside en lui est nouvelle dans la nature et nul, sinon lui-même, ne sait ce qu'il peut faire, et d'ailleurs il ne le sait que lorsqu'il a essayé. »

Emerson offrait cette vision puissante qu'être un individu démocrate, c'est être flexible et fluide, capable de revoir son jugement dans ses rapports avec ses concitoyens et le reste du monde, sans adhérer aux dogmes confortables ou aux lignes rigides des partis. Être un démocrate, c'est penser par soi-même, juger par soi-même, se faire confiance, s'appuyer sur soi et être serein – sans tomber dans l'auto-indulgence, le narcissisme ou l'apitoiement sur soi. Rien de tout cela n'était hors de portée des gens ordinaires, et leurs préoccupations étaient la cible même de l'examen démocratique. Dans *The American Scholar*, Emerson déclare : « La littérature des pauvres, les sentiments de l'enfant, la philosophie de la rue, la signification de la vie familiale, sont les sujets de conversation de notre époque. C'est un grand pas. N'est-ce pas un signe de vigueur nouvelle quand les extrêmes se font actifs, quand le flot tiède de la vie coule dans les membres ? Je ne recherche pas ce qui est grand, lointain ou romantique ; ce que l'on fait en Italie ou en Arabie ; l'art grec ou le chant des troubadours de Provence ; j'étreins le commun, j'explore le familier, l'ordinaire, et je m'assieds à ses pieds. »

L'individu démocrate d'Emerson est un combattant de la liberté contre les obstacles posés sur la route d'une riche individualité : les dogmes pesants, la coutume encroûtée et les préjugés étouffants. Herbert Hoover épousait cet idéal américain de la mobilité individuelle vers le haut : « C'est par le maintien de l'égalité des chances, et donc d'une société absolument fluide dans la liberté de mouvement de ses particules humaines, que notre individualisme se distingue de celui de l'Europe. Nous supportons mal la distinction de classe parce qu'il ne peut y avoir aucune émergence de l'individu à travers les strates congelées des classes, et qu'il ne peut advenir aucune stratification de classe dans une masse rendue vivante par le libre mouvement ascendant de ses particules. »

Pourtant, ce n'est là qu'un fragment de l'idéal d'Emerson de l'individualité démocratique. En effet, s'il applaudit à l'égalité des chances, il critique l'étroitesse du rêve américain de prospérité matérielle, où il voit un conformisme et un somnambulisme qui négligent des biens plus fondamentaux, comme le caractère et la vertu. Il note : « Les hommes tels qu'ils sont recherchent très naturellement l'argent ou le pouvoir ; et le pouvoir parce qu'il est aussi bon que l'argent [...]. Pourquoi pas, d'ailleurs ? Ils aspirent au meilleur et, dans leur somnambulisme, ils rêvent que c'est cela le meilleur. Réveillez-les, et ils délaisseront le faux bien pour se lancer dans le vrai. [...] Cette révolution doit être forgée par la domestication progressive de l'idée de Culture. La première entreprise du monde par sa splendeur est en conséquence l'édification d'un homme. »

« Cette invasion de la nature par le commerce et son argent [...] menace de bouleverser l'équilibre de l'homme et d'établir une nouvelle monarchie universelle plus tyrannique que Babylone ou Rome. »

« Le commerce est le maître du monde de nos jours – et le gouvernement n'est pour lui qu'un parachute. »

« Rien n'est plus important dans la culture de l'homme que de résister aux dangers du commerce. »

« Hors de chez soi, tout semble un marché. »

Dans un moment de doute, Emerson plaisanta ainsi : « Ma querelle avec l'Amérique tenait bien sûr au fait que sa géographie est sublime, mais que ses hommes ne le sont pas. » Il voyait le pays partout infecté « d'égoïsme, de fraude et de conspiration ». Il déplorait « les Américains tels qu'ils sont, avec leurs grands intérêts matériels, leur intelligence matérialisée et leur faible moralité », vivant dans un « système d'égoïsme [...], de défiance, de dissimulation, d'enthousiasme mordant, où l'on ne donne pas, mais où l'on profite de l'autre ». Il en concluait sombrement que « nous sommes un peuple chétif et faible ». Pourtant, si le versant obscur de l'Amérique le déprimait, il ne perdit jamais son espoir démocratique. Si l'Amérique et lui-même pouvaient être « vaincus chaque jour », les Américains, disait-il, étaient « nés pour la victoire ». Ce combat s'intensifia dans ses celèbres tentatives de s'opposer au « déplacement » des Cherokees de Géorgie en 1835 et de contester la loi sur l'esclave fugitif de 1850. Dans son éloge public de John Brown après le raid sur Harpers Ferry, comme dans sa célébration de l'émancipation des esclaves aux Antilles (où il partagea la tribune avec le grand Frederick Douglass), Emerson fit preuve d'un engagement militant sincère, bien que prudent.

Emerson a consacré sa vie à inspirer le public de sa vision des potentialités d'auto-enrichissement de notre démocratie, et à le pousser à s'engager dans les problèmes de l'époque. Il a bâti une puissante rhétorique émotionnelle qui a fait de lui le porte-parole le plus populaire de son temps. Il était convaincu de la nécessité pour les intellectuels démocrates d'exercer leurs pouvoirs de persuasion, de détourner l'attention du public de divertissements superficiels et vides, et de tenir la dragée haute à nos dirigeants officiels. Pour ce faire, il s'entraîna à chanter pour insuffler courage, confiance et réconfort à notre éternel combat pour devenir ce que nous sommes et ce que peut être l'Amérique. Ses sources d'inspiration à cet égard étaient Quintilien et Cicéron, qui ont avancé des arguments fondamentaux sur le devoir de la rhétorique publique de veiller à l'honnêteté du gouvernement et de la société, et de pousser le public à s'engager.

Comme l'a soutenu le linguiste George Lakoff, la droite impérialiste a forgé une rhétorique conservatrice qui a séduit le public américain, et les démocrates progressistes doivent contre-attaquer avec une rhétorique bien plus inspirante et persuasive, qui parle d'égalité des chances, de souci des pauvres et d'intérêt public.

Emerson prit au sérieux cette mission rhétorique, en écrivant des chants en prose destinés à déranger le public, à nous réveiller de notre somnambulisme et à nous engager à veiller sur la démocratie. Pour lui, être un démocrate, c'est énoncer des vérités inconfortables ; c'est prendre toute sa place dans le discours public, être jeté dans la contingence et la fragilité de la vie avec le lourd bagage de l'histoire et de la tradition – par exemple l'héritage américain de la race et de l'empire.

Il mit en pratique sa philosophie sur l'art d'être un démocrate. Il quitta son ministère unitarien parce qu'il était en désaccord sur la doctrine et refusa de servir la communion du fait de ses croyances iconoclastes. Il devint ensuite une sorte de pasteur intellectuel laïque sillonnant le pays pour donner des conférences (plus de soixante dans l'année à l'âge de soixante-deux ans !) dans des lycées, des théâtres ou des centres communautaires. Pendant plus de trente ans, Emerson alla s'adresser à ses concitoyens chez eux pour leur parler de littérature, d'histoire, de mœurs, de politique et d'autres sujets variés – face à face, cœur à cœur. Il fut banni de Harvard, son *alma mater*, pendant près de trente ans, à la suite de sa conférence de 1838 à l'école de théologie qui mettait en cause la divinité de Jésus. Dans cette pénétrante oraison, il soulevait des questions qui ne sont que trop pertinentes à la crise du christianisme dans l'Amérique actuelle : « Il est temps que ce murmure mal réprimé de tous les hommes pensants contre la famine de nos églises [...] soit entendu à travers le sommeil de l'indolence et au-dessus du vacarme de la routine [...]. L'immobilisme de la religion ; le préjugé que l'âge de l'inspiration est passé, que la Bible est refermée ; la crainte de dégrader le personnage de Jésus en le représentant comme un homme ; autant de signes manifestes de la fausseté de notre théologie. C'est le devoir d'un véritable professeur de nous montrer que Dieu est, et non était ; qu'Il parle, et non qu'Il a parlé. Le christianisme véritable – une foi comme celle du Christ dans l'infinitude de l'homme – est perdu. [...] Laissez-moi avant tout vous conseiller d'aller seul ; de refuser les bons modèles, même les plus sacrés dans l'imagination des hommes, et d'oser aimer Dieu sans médiateur ni voile. [...] Vous êtes le nouveau barde de l'Esprit saint : laissez derrière vous tout conformisme et familiarisez d'abord les hommes avec le Divin. [...] Veillez avant tout [...] à ce que la mode, la coutume, l'autorité, le plaisir et l'argent ne soient rien pour vous – ne soient pas sur vos yeux des bandeaux que vous ne pouvez voir –, mais à vivre avec le privilège de l'âme incommensurable. »

Bien que l'énoncé de ces vérités lui ait valu les moqueries de l'élite, le public le suivit. Il allait devenir l'intellectuel le plus célèbre de son temps et la voix américaine la plus influente à l'étranger. Ses essais, ses poèmes, ses histoires et ses conférences étaient au cœur des questions de démocratie dans l'Amérique du XIXe siècle : il estimait qu'il nous fallait une déclaration d'indépendance intellectuelle s'appropriant de façon créative la tradition humaniste à des fins démocratiques. Dans *The Ame-*

rican Scholar, Emerson prophétise : « Nous avons trop longtemps écouté les muses courtoises de l'Europe. L'esprit de l'homme libre américain est déjà soupçonné d'être timide, imitatif et docile. L'avarice publique et privée épaissit l'air que nous respirons. [...] Nous devons marcher sur nos pieds ; travailler de nos propres mains ; parler de notre propre cœur. »

Cette bouillante proclamation de la confiance en soi américaine est formulée dans le cadre d'une défense de l'intellectuel démocrate – « l'Homme pensant » – qui reconnaît que « la marque invariable de la sagesse est de voir le miraculeux dans le commun ». La grande tâche démocratique consiste à réveiller les somnambules pour qu'ils reprennent le pouvoir et le contrôle sur leur propre pays. Dans *Fate,* Emerson écrit : « Notre Amérique a la mauvaise réputation d'être superficielle. Les grands hommes, les grandes nations n'ont été ni des vantards ni des bouffons, mais ont perçu la terreur de la vie et se sont fortifiés contre elle. » Et dans *Intellect,* son dernier essai, il note : « Quelle est la tâche la plus ardue au monde ? Penser. »

Non moins pertinent pour notre situation présente, l'appel d'Emerson à l'émancipation intellectuelle en Amérique n'a rien de provincial. Sa sensibilité démocratique est cosmopolite et internationale. Il insiste sur la nécessité d'être ouvert à des perspectives transculturelles, de comprendre et de respecter d'autres traditions dans le monde : « L'intellectuel est cet homme qui doit prendre sur lui toutes les capacités de son temps, toutes les contributions du passé, tous les espoirs de l'avenir. Il doit être une université de savoirs. »

La confiance en soi américaine, disait-il, doit s'ancrer non pas dans une affirmation chauvine de la supériorité des Américains, mais dans une affirmation mature des présents qu'a faits l'Amérique au monde et une sincère reconnaissance de « l'aspect le moins plaisant de notre situation ». Le patriotisme américain de bas étage, outre qu'il reflète une immaturité et une insécurité, est un mécanisme de défense adolescent qui révèle une crainte d'aborder le monde et d'apprendre quelque chose des autres. Le nationalisme étroit est un serviteur de la loi impériale qui garde la population déférente et complaisante. Il exècre donc les critiques et les contestataires comme Emerson, qui dérangent et réveillent le peuple. Son brillant exemple de travail intellectuel démocratique reste pour nous un défi.

Ce défi a été relevé au long des années par un vaste courant de voix émersoniennes – de Walt Whitman à William James, Gertrude Stein, William Du Bois et Muriel Rukeyser. Walt Whitman est devenu le barde américain qu'appelait Emerson de ses vœux. De *Feuilles d'herbe* à *Democratic Vistas*, il a exprimé sa vision d'une individualité, d'une communauté et d'une société démocratiques avec une passion sans précédent. William James, le grand partisan du pragmatisme américain, a porté la philosophie dans la rue et dénoncé avec vigueur la confusion entre gigantisme et grandeur, ainsi que les objectifs impérialistes américains de l'époque. Gertrude Stein a démocratisé ses phrases dans ses romans sous forme de dialogues (dans *Tender Buttons*, par exemple), en insistant sur les verbes qui détrônent la hiérarchie de la grammaire conventionnelle et en donnant à ses personnages un monologue intérieur qui prime sur le tapage superficiel. William Du Bois, dans *The Souls of Black Folks*, a levé le voile sur l'invisibilité des individus, de la communauté et de la société noire niés par l'Amérique blanche. Et Muriel Rukeyser, dans *The Life of Poetry*, a mis à nu les aspirations démocratiques de travailleurs exploités dans leurs expressions créatrices.

Toutes ces figures émersoniennes affirment dans un langage démocratique la valeur de chaque individu et le potentiel de tous les peuples à se recréer et à se reconstruire. Cet héritage d'Emerson est un puissant effort pour garder vivantes de profondes énergies démocratiques face aux dogmes idéologiques, aux stratagèmes partisans et au nihilisme paralysant de la culture américaine marchandisée. On peut se plaire à imaginer ce qu'aurait dit Emerson de la baisse d'impôts et de l'arrogant unilatéralisme de l'administration Bush. Et l'on imagine combien il jugerait répugnante la réthorique du « nous-contre-eux » nourrie par la peur de nos élites impériales.

Si pénétrantes qu'aient été les critiques d'Emerson envers la politique et la vie américaines, le plus émersonien des intellectuels démocrates dans notre histoire reste James Baldwin. Cela parce que, en tant que Noir et qu'homosexuel, il parlait du point de vue de « l'autre » opprimé dans notre culture et qu'il s'est reconstruit à partir de l'extrême pauvreté pour devenir le critique le plus poignant et le plus pénétrant des transgressions de l'Amérique impériale et raciste. À l'instar de Ralph Waldo Ellison – auteur des classiques *Invisible Man* (1952) et *Shadow and Act* (1964) –, Baldwin était un démocrate nourri de blues et saturé de jazz. Dans un accomplissement héroïque de la confiance en soi émersonienne, il émergea de la face cachée de la civilisation américaine – le champ de bataille des rues de Harlem – pour devenir le meilleur essayiste américain du XXe siècle. Son éloquence artistique, ses aperçus dramatiques et son feu prophétique l'ont placé au cœur des questions de démocratie pendant plus de trente ans. Et son poignant questionnement de soi, qui frôle sans cesse le désespoir mais s'accroche à un espoir tragicomique, témoigne à travers son angoisse personnelle d'une rare intégrité intellectuelle.

Comme Jacob dans la Genèse, Baldwin est sorti du combat de la nuit devenu un homme nouveau porteur d'un nouveau nom – dont on entend l'écho dans ses deux livres *Personne ne sait mon nom* (1961) et *No Name in the Street* (1972) – et d'une vision nouvelle pour nous tous. Cet enfant sans père, mais doté d'une mère aimante, est devenu le parrain de nombreux militants (tels Martin Luther King et Stokely Carmichael) et d'artistes démocrates (telles Toni Morrison et Lorraine Hansberry). Ce Socrate noir américain a été l'accoucheur de vies nouvelles, d'idées nouvelles et d'un courage nouveau. Il s'y est pris exactement comme Socrate – en transmettant aux autres la perplexité qu'il ressentait lui-même : tenter d'être quelqu'un de bien et un individu pensant face aux mensonges et à l'hypocrisie de l'Empire américain. Ce fut son douloureux attachement à l'individualité démocratique qui le mena à son art, et il lui appliqua une honnêteté démocratique sans faille. Il écrit dans *The Creative Process* : « L'artiste ne peut et ne doit rien tenir pour acquis, mais doit aller au cœur de chaque réponse et exposer la question que dissimule la réponse. Nous savons, sur le plan individuel, que quiconque ne peut s'avouer à lui-même la vérité sur son propre passé reste piégé en lui, paralysé dans la prison de son soi non découvert. C'est aussi vrai des nations. »

Comme Emerson, Baldwin considérait son intégrité intellectuelle comme sacrée, ce qui l'amena à entrer en guerre – « une guerre d'amant » – contre une Amérique impériale qui excluait les Noirs de son projet démocratique. Pour Baldwin, être un démocrate en Amérique – un questionneur socratique hardi et se respectant lui-même –, c'est être un incorrigible « trublion ». Contrairement à Emerson, Baldwin a entamé sa quête pour l'individualité démocratique en tant que victime de la démocratie raciste américaine. Emerson lui-même notait dans son *Journal*, le 25 août 1838, que « toute l'histoire du Nègre est tragique. De quelle transgression maudite sont-ils nés pour devoir souffrir toujours. [...] Ils ne sortent pas un seul jour sans être insultés ».

Baldwin a vécu, ressenti et respiré cette tragique situation. Tout en luttant honnêtement contre la négrification en Amérique, il ne perdit jamais de vue le potentiel démocratique de ce pays. Il voyait ce potentiel parce qu'il tenait pour acquise l'humanité des Noirs – si déshumanisés fussent-ils par les Blancs – et qu'il affirma toujours l'humanité des Blancs – si mal qu'ils aient traité les Noirs. Sur ce point, il écrivait dans *La Prochaine Fois le feu* : « Une grande proportion de l'énergie absorbée par ce que nous appelons le problème noir est donc produite par le profond désir qu'a l'homme blanc de n'être pas jugé par ceux qui ne sont pas blancs, de ne pas être vu tel qu'il est et, simultanément, une grande proportion de l'angoisse des Blancs a ses racines dans le désir également profond de l'homme blanc d'apparaître enfin sous son vrai jour, d'être affranchi de la tyrannie du miroir. Nous savons tous – que nous ayons ou non le courage de l'admettre – que les miroirs ne peuvent que mentir, que la mort par noyade est tout ce qui nous attend là. C'est pour cela que nous recherchons si désespérément l'amour et déployons tant de ruses pour nous y dérober. L'amour arrache les masques sans lesquels nous craignons de ne pas pouvoir vivre et derrière lesquels nous savons que nous sommes incapables de le faire. »

Pour Baldwin, l'individualité démocratique exige que les Américains blancs abandonnent leur ignorance délibérée et leur aveuglement volontaire sur le poids de la suprématie blanche en Amérique. Alors seulement pourra émerger une authentique communauté démocratique en Amérique – émergence impliquant d'écouter le questionnement socratique des Noirs et supposant l'embrassement mutuel des Noirs et des Blancs. Toujours dans *La Prochaine Fois le feu* : « Mais pour traiter avec les forces dormantes de ceux qui étaient autrefois subjugués, pour survivre en tant que poids humain et moral dans le monde, l'Amérique et toutes les nations occidentales seront contraintes de se réexaminer elles-mêmes et de se délivrer de bien des choses qui sont aujourd'hui jugées sacrées, et d'écarter pratiquement tous les préjugés qui ont été utilisés pour justifier leur vie et leur angoisse et leurs crimes si longtemps. »

Pour Baldwin, avant même les actes criminels de violence et d'irrespect des Blancs contre les Noirs, « c'est l'innocence qui constitue le crime ». L'individualité démocratique exige des personnes libres et matures, capables d'affronter la réalité, l'histoire et la mortalité, et de rejeter l'innocence et l'illusion de la pureté. Dans l'un des passages de *La Prochaine Fois le feu* qui donne le plus à penser, il écrivait : « Peut-être l'origine de toutes les difficultés humaines se trouve-t-elle dans notre propension à sacrifier toute la beauté de nos vies, à nous emprisonner au milieu des totems, tabous, croix, sacrifices du sang, clochers, mosquées, races, armées, drapeaux, nations, afin de dénier que la mort existe [...]. Mais les Américains de race blanche ne croient pas à la mort, et c'est pourquoi la couleur de ma peau les intimide tant. Et c'est aussi pourquoi la présence de Noirs dans ce pays est susceptible d'en provoquer la destruction. Les hommes libres se doivent de compter sur ce qui est constant et de s'en réjouir. La naissance, la lutte, la mort sont constantes, l'amour aussi, même si nous venons parfois à en douter. Ils se doivent aussi d'assimiler la nature du changement, d'être capables de changer et prêts à le faire. Je parle de changement non pas superficiel mais en profondeur, changement dans le sens du renouveau. Mais tout renouveau devient impossible si nous supposons constantes des choses qui ne le sont pas – la sécurité, par exemple, ou l'argent ou le pouvoir. On se cramponne alors à des chimères qui ne peuvent que décevoir, et tout espoir, toute possibilité de liberté disparaît. Et par destruction j'entends précisément l'abdication par les Américains de tout effort tendant à leur assurer une liberté véritable. Les Noirs peuvent précipiter cette abdication parce que les Blancs n'ont jamais, dans toute leur longue histoire, été capables de voir en eux des semblables. [...] Le Noir est le personnage clé de son pays, et l'avenir de l'Amérique est précisément aussi prometteur ou aussi sombre que l'est le sien. Et de ceci le Noir se rend compte, négativement. D'où sa question : Est-ce que je tiens vraiment à être reçu dans une maison qui brûle ? »

Baldwin savait qu'un réveil démocratique en Amérique implique fatalement une coalition plus profonde et plus vraie entre les communautés progressistes noire et blanche. Si la participation des Blancs au mouvement des droits civiques est souvent mythifiée pour la présenter plus forte qu'elle n'a été, il reste que des groupes libéraux blancs, comme les Églises prophétiques et la communauté juive progressiste, se sont bien investis dans ce mouvement.

L'une des grandes contributions de Baldwin à la démocratie américaine a été sa détermination à étudier les façons dont la pensée et la culture noires (surtout la musique) peuvent instruire et inspirer une Amérique embourbée dans l'auto-illusion et l'autocélébration. Les Noirs sont aux prises depuis plus de trois siècles avec la rude dissonance entre ce que dit et pense l'Amérique d'elle-même et la façon dont elle se comporte. Baldwin pensait qu'en exploitant ces ressources noires, nous serions en mesure de créer une communauté et une société démocratiques saines. Dans *Many Thousands Gone* (*Tous ceux qui ont péri*), il écrivait : « C'est seulement dans sa musique que le Noir américain a été capable de nous conter son histoire, cette musique que ses compatriotes sont capables d'admirer dans la mesure où, protégés par leur sentimentalité, ils ne la comprennent qu'en partie. Il reste encore à la raconter autrement, mais aucun Américain n'est prêt à entendre [...]. L'histoire du Noir d'Amérique est celle de l'Amérique, ou, plus précisément, celle des Américains. Elle n'est pas très belle – l'histoire d'un peuple ne l'est jamais. » Combien d'Américains blancs ont-ils été amenés à s'intéresser à la question noire et à ouvrir les yeux sur le racisme par le goût et le respect que leur inspiraient les spirituals, le blues et le jazz, les formes d'art les plus originales de l'Amérique ? C'est un effet démocratique majeur du grand héritage de Mahalia Jackson, John Coltrane, Charlie Parker, Billie Holiday et Sarah Vaughan.

Pour Baldwin, le meilleur moyen d'aborder la crise du déclin moral de l'Empire américain consiste à se tourner vers la détermination démocratique des Noirs : percevoir les limites démocratiques de l'Amérique à travers le prisme de la race pour renouveler et raviver de profondes forces démocratiques ; montrer leur confiance en soi, leur tolérance envers les autres, leur ouverture aux cultures étrangères, leur désir de trouver leur voix propre, leur persévérance dans la grâce et la dignité face à l'adversité, et leur solidarité avec les opprimés. Les voix prophétiques et poétiques du hip-hop, de Chuck D à KRS-One, sont issues de cette tradition, dénonçant, avec plus de force que les politiciens ou les prêcheurs de notre époque n'ont été capables ou désireux de le faire, l'hypocrisie des Noirs et des Blancs dans la culture américaine.

Les meurtres de Medgar, Malcolm X et Martin Luther King ont été des coups terribles pour Baldwin. Le Vietnam a été une autre blessure ; le coup d'État fasciste au Chili, soutenu par les États-Unis, une autre meurtrissure ; l'invisibilité des souffrances palestiniennes dans la politique étrangère des États-Unis, une nouvelle douleur. Il y a des limites à ce que peuvent encaisser même les intellectuels démocrates. L'époque était si désarticulée, si chargée de malveillance, qu'il en vint à se demander si l'on pourrait jamais l'améliorer. Pourtant il y travailla, réconforté par le blues et le jazz, et sa famille qu'il adorait. C'était un artiste libre qui avait creusé aussi profond que l'âme peut aller, qui était aussi sincère et véritable que la Bible. Pourtant, il s'interrogeait : l'Amérique a-t-elle ce qu'il faut pour venir à bout du racisme et démanteler l'empire ? Et sinon, que faire ? Lors de ses obsèques à New York en 1987, on entendit sa propre voix chanter le grand classique de Thomas Dorsey qui était aussi la chanson préférée de Martin Luther King : « Oh, Seigneur, prends ma main ; guide-moi, laisse-moi me reposer. Je suis fatigué, je suis faible, épuisé... »

Ce livre se veut une extension de la tradition émersonienne à notre époque. Sa vision et son analyse sont enrichies par les puissantes voix émersoniennes du passé. Mais il s'appuie aussi, et plus profondément, sur un autre courant de la tradition démocratique. Si le courant émersonien souligne l'importance vitale de l'attachement individuel du citoyen à la démocratie et les vastes potentiels de la démocratie américaine tout en clouant au pilori ses échecs, l'autre tradition cible sa critique sur les entraves impérialistes et racistes de l'Amérique à l'individualité, à la communauté et à la société démocratiques. Elle fait explicitement de la race et de l'empire les deux limites majeures de l'expérience démocratique américaine.

Ce courant est né avec l'œuvre d'Herman Melville (qui fut mal accueillie en son temps et reste sous-estimée de nos jours encore) et ses commentaires accablants sur les maux de l'empire. Alors que la tradition émersonienne se soucie de rédimer l'âme de l'Amérique à travers ses hauts et ses bas, la tradition melvillienne se demande sérieusement si l'Amérique a une âme, a perdu son âme, ou a jamais eu une âme. Elle commence là où finit le désenchantement de Baldwin et peut nous laisser en plein désespoir. À ce courant se rattachent l'indispensable Robert Penn Warren, le poète tragique Eugene O'Neill, l'indomptable génie des artistes du blues et du jazz, et le témoignage enflammé de Toni Morrison.

L'œuvre de Melville, de *Typee* (1846) à *Billy Budd* (1891), est une méditation sans équivalent sur les entraves impérialistes et racistes à la démocratie dans la vie américaine. Robert Penn Warren suit les traces de Melville en mettant à nu les profondeurs de la suprématie blanche et les réalités impériales de la naissance de l'Amérique. Des classiques comme *Brother to Dragons* (1953, 1979) dont les deux versions sont une critique virulente du racisme et du rationalisme borné de Thomas Jefferson, et *Chief Joseph of the Nez Percé* (1983, son poème sur « l'histoire sanglante de la conquête de l'Ouest [...] l'une des histoires les plus meurtrières que l'on puisse imaginer ») sont souvent ignorés dans les lettres américaines. Eugene O'Neill s'est employé à dénoncer le nihilisme du gouvernement américain impérial et raciste depuis sa première pièce, *Thirst* (1913), où il joue un marin mulâtre, jusqu'à son chef-d'œuvre, *Le marchand de glace est passé* (1939), qui met en cause la civilisation américaine et la condition humaine.

Melville est le plongeur en eaux profondes de la tradition démocratique américaine ; en effet, dans *Pierre ou les ambiguïtés* (1852), il plaisante ainsi : « Il nous faut descendre au plus profond si nous voulons trouver le cœur d'un homme ; c'est comme descendre un escalier en colimaçon dans un puits, un puits insondable dont l'absence de fond n'est dissimulée que par la spirale de l'escalier et la noirceur du puits. » La descente terrifiante de Melville dans les profondeurs insondables est un plongeon dans le néant existentiel, mais aussi dans le cœur des ténèbres américaines.

Melville a exprimé un doute radical sur la capacité de l'Empire américain à se débarrasser de son innocence enfantine pour affronter sa violence nihiliste. Il s'est colleté avec le terrible mystère de la pulsion impériale de l'Amérique à dominer et soumettre les autres, et a exposé les idées guerrières et les principes monarchiques dissimulés sous le langage de paix et la bienveillante rhétorique démocratique. Pour Melville, sous la surface lisse de la démocratie américaine pourrissaient les ravages du génocide des Indiens et le fléau de l'esclavage des Africains. Le nouvel individualiste – le gentleman américain – était aussi un propriétaire d'esclaves et un massacreur d'indiens. Dans *Pierre* encore : « Le grand-père de Pierre [était] un gentleman américain [...] au cours d'un incendie dans le vieux manoir, d'un seul coup de pied, il avait abattu une porte de chêne pour faire passer les seaux de ses esclaves noirs. »

L'Achab de Melville dans *Moby Dick* (1851) est un nihiliste obsédé par le pouvoir et la puissance, résolu à combattre l'axe du mal sous sa forme manichéenne (eux contre nous, le bien contre le mal). Le désir aveugle d'Achab de vaincre la baleine blanche torpille son précieux navire et son équipage. Sa propre destruction résulte d'un vide et d'une solitude nourris de dogmatisme et de nihilisme qui sont les métaphores d'une Amérique impériale incapable d'affronter de pénibles vérités sur elle-même. Capitaine d'industrie sur une usine flottante où des travailleurs de toutes races produisent de l'huile de baleine, Achab est obsédé par l'idée de capturer une baleine blanche insaisissable qui nourrit sa quête en même temps qu'elle le mutile. Ses derniers mots – réminiscence de ceux du roi Lear de Shakespeare, eux-mêmes inspirés des Rois dans l'Ancien Testament – sont : « Oh, mort solitaire après ma vie solitaire ! Ah, je sens maintenant que ma plus totale grandeur est dans ma plus haute douleur. »

Pourtant, le désespoir de Melville sur l'Amérique – ou sur la vie elle-même – n'est pas absolu dans *Moby Dick*. Son épopée poétique américaine, qui est plus qu'un roman sans être un poème épique classique, commence par la célèbre phrase : « Appelez-moi Ismaël », rappelant l'Ismaël biblique, fils d'une esclave. Ismaël est le mince fanal d'espoir, le seul à survivre au voyage. Et il survit dans un radeau-cercueil qui lui a été donné par son unique ami, Queequeg, un homme de couleur sur ce navire dominé par les Blancs, auquel le cercueil était destiné. La survie d'Ismaël à la fin du livre est donc l'œuvre de Queequeg. Les hiéroglyphes gravés sur le couvercle du cercueil symbolisent « une théorie complète des cieux et de la terre, une sorte de ruse mystérieuse sur l'art d'atteindre la vérité ». Si *Moby Dick* est une mise en accusation de l'impérialisme américain, c'est aussi un appel à la solidarité multiraciale.

Le voyage d'Ismaël commence par une rencontre avec la face noire de l'Amérique, et cette vision va le faire passer de l'innocence à la maturité. Il commence son histoire dans un état de désespoir qu'il aspire à surmonter en « prenant la mer dès que possible ». En attendant d'embarquer, il va d'auberge en auberge en quête d'un lit à New Bedford. Dans sa recherche de l'auberge la moins chère, il se retrouve dans le quartier noir de la ville – chez ceux qui sont pris dans la griffe mortelle de l'Amérique impériale et raciste. Melville écrit : « C'était comme le grand jugement noir de la damnation. Cent visages d'ombre se tournèrent curieusement vers moi. Au fond, l'ange des ténèbres martelait un livre. J'étais dans une église nègre. Le prédicateur était juste en train de parler de la nuit éternelle, des pleurs, des gémissements et des grincements de dents de l'Abîme. Ah, Ismaël, murmurai-je en reculant, triste divertissement à l'enseigne de La Trappe ! »

Cet enfer noir dans lequel est surmonté le combat avec le nihilisme annonce son voyage, où le combat de l'impérial Achab avec le nihilisme mène à la dévastation. Un siècle plus tard, l'homme invisible d'Ellison répète cette scène avec le prêcheur qui parle de « la noirceur des ténèbres » – autre initiation à l'Amérique impériale à travers le prisme de la race. Ismaël comme l'homme invisible sont des chercheurs exemplaires de l'individualité, de la communauté et de la société démocratiques à travers le noir fleuve de feu de l'Amérique.

Pour Melville, cet enfer noir n'était pas seulement une perspective privilégiée sur l'expérience démocratique américaine, mais aussi une pierre d'achoppement pour évaluer la profonde tradition démocratique en Amérique. La mise en esclavage des Africains et l'exercice de la Destinée manifeste sur les Indiens avaient démontré le noble mensonge de la démocratie américaine qu'il ressentait au niveau le plus intime. Son beau-père, Lemuel Shaw, était en effet le président de la Cour suprême du Massachusetts qui fit passer la célèbre loi sur les esclaves fugitifs. Shaw ordonna que l'ancien esclave Thomas Sims soit rendu à son propriétaire sudiste. Plus tard, dans une autre affaire infamante, Shaw décréta une fois encore que l'on rende à son propriétaire l'ancien esclave fugitif Anthony Burns. Les sentiments abolitionnistes de Melville allaient contre les sentiments de sa propre famille et de sa communauté nationale, ce qui ne l'empêcha pas de les exprimer. Aujourd'hui, son accusation aimante mais dure de l'Amérique résonne plus forte et plus vraie que jamais – en phase depuis toujours avec les pourvoyeurs de vérité les plus tranchants de l'Amérique. L'attachement à la valeur personnelle et au potentiel individuel des émersoniens se combine à l'énoncé de vérités profondes par les melvilliens dans ces formes d'art les plus américaines que sont le blues et le jazz.

Louis Armstrong et Bessie Smith, Duke Ellington et Ma Rainey, John Coltrane et Sarah Vaughan sont autant de figures fondatrices de l'héritage du blues et du jazz qui ont créé et mis en œuvre une profonde *paideia* démocratique – la culture d'une citoyenneté critique – au cœur des ténèbres de l'Amérique. Si le blues est le combat contre la douleur pour la transcendance, alors, comme l'a proclamé Duke Ellington, « le jazz c'est la liberté ». Comme Emerson, ces grands musiciens sont d'éloquents connaisseurs de l'individualité dans leur art de l'improvisation et dans leur expérience vitale. Contrairement à Emerson, ils sont assis au bord du gouffre américain – dans les invisibles enfers couleur chocolat du paradis américain. Comme Melville, ils se lancent dans une plongée sous les mers sous le soleil apparemment éclatant de l'Amérique.

Mais contrairement à lui, ils en émergent avec un puissant espoir imbibé de sang et un sourire mouillé de larmes. Ce sont les praticiens américains consommés du tragicomique.

Cette confrontation historique des Noirs avec l'absurde en Amérique et l'Amérique en tant qu'absurde – avec l'effrayante menace que fait peser l'Amérique sur la santé et la dignité des Noirs à travers l'esclavage, la ségrégation et la discrimination raciale – a suscité un approfondissement spécifique de la tradition démocratique en Amérique. Ce n'est pas une simple question d'expansion des droits et des libertés à tous les Américains, comme dans les mouvements sociaux menés par Frederick Douglass, A. Philip Randolph, Martin Luther King et Ella Baker. Il s'agit ici de la signification même de la démocratie en Amérique – le remodelage de la vision démocratique et des contenus de modes démocratiques d'existence. Le blues et le jazz ont permis d'aborder la race en Amérique en termes personnels et intimes, avec des résultats démocratiques. Tennessee Williams, le grand bluesman blanc des lettres, avait prophétiquement intitulé son premier recueil de théâtre *American Blues*. Des citoyens blancs ont fini par épouser le riche héritage du blues et du jazz, qui a séduit notamment la jeunesse contestataire à travers les rythmes contagieux du rock. Cet héritage a été le premier point de contact culturel majeur entre Blancs et Noirs, et nous avons retrouvé cette dynamique avec l'adoption du rythm & blues et du hip-hop par des Blancs.

Si contagieux que soit le blues, nous ne devons jamais oublier qu'il est né de l'épreuve de l'esclavage et de son vicieux héritage, et qu'il exprime la détermination d'un peuple à affirmer sa valeur humaine. Le blues parle des douleurs psychiques et matérielles infligées aux Noirs sur la terre mythologique de toutes les opportunités. Le rôle de la voix humaine dans cet héritage est de reconnaître la valeur de l'individu et de parler de vérités pénibles ; elle affirme la nécessité d'un robuste dialogue face à un dogme bien établi. La patiente résilience qu'exprime le blues vient d'une résistance soutenue aux horribles formes de domination raciste, et de l'élaboration d'un espoir inépuisable face à la mort sociale et au meurtre de l'âme. Le blues a suscité une force spirituelle et communautaire mature. Son insistance sur le dialogue, la résistance et l'espoir est le sang qui irrigue une citoyenneté démocratique vitale.

L'exploration la plus sophistiquée de cette mise en œuvre par les Noirs du dialogue, de la résistance et de l'espoir se trouve dans l'œuvre magistrale de Toni Morrison. C'est chez elle que l'héritage du blues et du jazz s'exprime avec le plus de force. Elle est l'intellectuelle et l'artiste démocratique phare de notre époque. Ses textes incarnent des formes d'énergies démocratiques sans équivalent dans le long combat de l'Amérique contre le versant obscur de sa démocratie.

Morrison met en lumière la forte volonté et les promesses potentielles d'individus démocratiques. Elle a placé au cœur de sa vision artistique des gens ordinaires en train de reprendre leur pouvoir. À propos de l'un de ses chefs-d'œuvre, *Beloved* (1987), elle déclare : « Les propriétaires d'esclaves ont gagné si cette expérience est au-delà de mon imagination et de mon pouvoir. C'est comme l'humour : il faut reprendre votre autorité, vous réaligner là où se trouve le pouvoir. Aussi ai-je voulu *prendre* le pouvoir. Ils avaient une cruauté très inventive et imaginative, alors il m'a fallu le reprendre d'une façon telle que je puisse le dire. »

Cet acte profondément démocratique de reprise de pouvoir sur sa vie, incarné par Morrison en tant qu'artiste et par ses propres personnages, tient au non-conformisme et à la résistance à l'autorité. Mais comme Melville, Morrison reste pleinement consciente des formidables entraves à l'individualité et à la communauté démocratiques. L'un de ses plus puissants personnages, Sethe, dans *Beloved,* explique pourquoi elle a tué sa fille, appelée Beloved, quand un chasseur d'esclaves fugitifs est arrivé pour les ramener à leur propriétaire. Sethe dit : « Que tout Blanc avait le droit de se saisir de toute votre personne pour un oui ou pour un non. Pas seulement pour vous faire travailler, vous tuer ou vous mutiler, mais pour vous salir. Vous salir si gravement qu'il vous serait à jamais impossible de vous aimer. Vous salir si profondément que vous en oubliiez qui vous étiez et ne pouviez même plus vous en souvenir. Et qu'alors même qu'elle, Sethe, et d'autres, étaient passés par là et y avaient survécu, jamais elle n'aurait pu permettre que cela arrive aux siens. Le meilleur d'elle, c'était ses enfants. Les Blancs pouvaient bien la salir, *elle,* mais ce qu'elle avait de meilleur, ce qu'elle avait de beau, de magique – la partie d'elle qui était propre. Pas question de rêves impossibles à rêver, à se demander si le torse sans tête, sans pieds, pendu à un arbre avec un signe dessus était son mari ou Paul D ; si, parmi les filles qui rôtissaient dans l'incendie de l'école pour gens de couleur allumé par les patriotes, il y avait sa fille ; si une bande de Blancs avaient pénétré les parties intimes du corps de sa fille, souillé les cuisses de sa fille, puis jeté sa fille à bas du chariot. *Elle* pouvait être obligée de travailler dans la cour de l'abattoir, mais pas sa fille. Et personne, personne sur cette terre, ne dresserait la liste des caractéristiques de sa fille dans la partie de la feuille de papier réservée aux animaux. Non. Oh ! non. »

L'exploration par Morrison du cœur des ténèbres américaines est avant tout la quête d'une possible communauté démocratique – des gens ordinaires renonçant aux étroits intérêts égoïstes et créant un réseau de solidarité dans les dures conditions de l'Amérique. Morrison commente : « Ces gens ne pouvaient vivre sans valeur. Ils avaient un prix, mais pas de valeur dans le monde blanc, alors ils la fixèrent eux-mêmes et décidèrent de ce qui avait de la valeur. C'était en général quelque chose de charitable qu'ils pouvaient faire pour les autres. Personne dans le roman, aucun adulte noir, ne vit dans le narcissisme, l'égoïsme ou l'égocentrisme. Le sens de la communauté était pour eux une évidence. Ils n'imaginaient pas de pouvoir vivre en dehors d'elle. »

La dette de Morrison à l'égard de Melville est consciente et délibérée. Il a été le premier écrivain américain à explorer la blancheur comme idéologie et ses effets traumatisants sur les Noirs et les Blancs. Comme elle l'écrit dans son texte pionnier de critique littéraire, *Playing in the Dark* (1992) : « Et si la baleine blanche est l'idéologie de la race, ce qu'Achab y a laissé, c'est le démembrement personnel, celui de la famille et de la société, et sa propre place d'homme dans le monde. Le traumatisme du racisme est, pour le raciste comme pour sa victime, une grave fragmentation du moi, et m'a toujours paru la cause (et non le symptôme) de la psychose. »

Chez Morrison, c'est la peur et l'insécurité qui mènent le dogmatisme et le nihilisme des membres de l'élite impériale comme Achab, et l'amour et l'espoir qui lient les communautés démocratiques face aux offenses du pouvoir et à la puissance impériale. L'intégrité artistique et le courage démocratique de Melville l'ont laissé « très seul, très désespéré et voué à l'échec » dans l'Amérique du

XIXe siècle. Comme le dit Morrison, « questionner la notion même de progrès blanc, l'idée même de supériorité raciale, de blancheur comme place privilégiée dans l'échelle évolutionnaire de l'humanité, et méditer sur la philosophie frauduleuse, autodestructrice de cette supériorité, "l'arracher de sous la robe des sénateurs et des juges" et amener "le juge lui-même à la barre" – était un travail dangereux, solitaire, radical. Surtout alors. Surtout maintenant ».

Mais au lieu d'encourager la vengeance ou le désespoir, Morrison, comme Baldwin, avance la vision d'une identité démocratique noire enracinée dans un amour total – un amour et une confiance qui sont le ciment d'une communauté et d'une société démocratiques. Quand on lui demanda quelle était sa métaphore favorite pour son travail, elle répondit : « L'amour. Nous devons nous étreindre [...]. James Baldwin a dit un jour : "Vous avez déjà été achetés et payés. Vos ancêtres se sont acquittés pour vous. Vous n'avez plus à le faire. À présent, vous pouvez vous aimer vous-mêmes." C'est pourquoi nous sommes ici. Nous devons accomplir quelque chose de bien, qui nous inspire du respect, avant de partir. Il le faut. C'est plus intéressant, plus compliqué, plus exigeant sur le plan intellectuel et moral d'aimer quelqu'un. De prendre soin de quelqu'un. [...] Ce qui est intéressant à mes yeux, dans les conditions où les gens vivent dans mes livres, c'est cette pulsion vers l'amour. »

Ses puissants portraits de la communauté, appuyés sur son christianisme, parlent de la nécessité pour les citoyens d'une démocratie d'être socialement engagés, de s'impliquer dans la vie les uns des autres. Son message d'amour démocratique résiste à l'arrogance et aux étroits intérêts du nihilisme qui s'emparent peu à peu de notre société. Le personnage le plus libre et le plus démocratique des huit romans de Morrison – Pilate dans *Le Chant de Salomon* (1978) – dit au moment de mourir : « J'aurais voulu connaître plus de gens. Je les aurais tous aimés. Si j'en avais connu plus, j'en aurais aimé plus. » Dans un commentaire sur Pilate, Morrison affiche clairement son éthique baldwinienne de l'amour et sa foi démocratique : « C'est une femme généreuse et totalement libre. Elle n'a pas de crainte. Elle n'a peur de rien. Elle possède très peu de choses matérielles. Elle a une petite compétence qui lui permet de survivre. Elle ne dirige la vie de personne. Elle est ouverte à un amour pratiquement infini. Si vous avez besoin d'elle, elle est là. Et elle est totalement claire sur ce qu'elle est. »

Pour Morrison, cette croyance dans la capacité des gens ordinaires à se forger une dignité personnelle et dans le pouvoir de la communauté démocratique à résister aux abus du pouvoir de l'élite est le cœur même de la tradition démocratique américaine. Pour elle comme pour Baldwin, cette croyance est surtout manifeste dans la tradition musicale noire. La dangereuse liberté que suppose la performance de musiciens est une façon de reprendre le pouvoir face à une apparente impuissance : « Ma notion de l'amour [...] est étroitement liée au blues. Il y a toujours quelqu'un qui quitte quelqu'un d'autre, sans esprit de vengeance ni amertume. [...] C'est totalement contraire à la notion accablante de l'amour qui est l'affaire de la culture majoritaire. »

Toni Morrison est notre première musicienne littéraire, et ses textes sont des expériences partagées où le public participe à sa performance. Elle cherche à susciter chez le lecteur le désir d'explorer les riches profondeurs humaines d'un peuple déshumanisé, de jouir de la délicatesse de sa langue à côté de ses misères sociales, et d'être déstabilisé par l'hypocrisie d'une chambre des horreurs américaine alors que l'empire proclame à son de trompe la liberté et les opportunités pour tous. C'est pourquoi elle insiste tant sur la cadence de la voix humaine dans ses œuvres. Comme dans le blues, la voix humaine affirme la dignité et l'individualité de ses personnages ; elle nous force à les écouter. Entendre les nuances de la voix, c'est avoir accès à l'humanité des individus. Écouter attentivement les tons de la voix, c'est s'ouvrir à l'intériorité de chacun. Sa mission démocratique est de soigner, même s'il est douloureux de briser la paralysie morale et d'éveiller les somnambules. « Toute mort qui revient à la vie est douloureuse », dit-elle. Comme l'a écrit Ellison, il s'agit de « garder vivants les détails et les épisodes douloureux d'une expérience brutale dans sa conscience blessée », afin de transcender cette douleur. Morrison accomplit sur la page ce que les chanteurs noirs accomplissent sur scène – avec une stratégie comparable de refrains répétitifs, de langage rythmé, de sons syncopés et de sombre ironie. Elle écrit à ce propos : « Mes efforts pour faire une littérature orale – O.R.A.L.E. – fonctionnent parce que je l'entends. [...] Il faut que ça *sonne* [...]. Aussi je corrige beaucoup quand j'écris, pour éliminer les parties du livre qui ne fonctionnent qu'à l'écrit. Un livre doit avoir certaines caractéristiques fondamentales, dont l'une est la participation de *l'autre* – le public, le lecteur –, ce que l'on peut faire avec un conte. »

L'enracinement subtil de Morrison dans les formes musicales noires pose un sérieux défi à ses lecteurs. Ses livres exigent leur participation. Même un critique aussi sophisitiqué et astucieux que Harold Bloom – en général extrêmement assuré dans ses critiques littéraires – s'interroge ouvertement : « Je ne pense pas que Morrison écrive une fiction d'un genre que je n'aurais pas la compétence de lire et de juger. »

Les livres de Morrison sont parfois presque trop douloureux. Elle transfigure le cri du blues montant des profondeurs à travers « des cercles et des cercles de chagrin ». Mais, comme les artistes du blues, elle nous dit : « Si vous vous laissiez emporter par l'air, vous pourriez le *chevaucher*. » Et malgré leur difficulté, ses livres sont devenus des best-sellers, lus avidement par les Noirs, les Blancs et les autres, ce qui est un grand hommage au potentiel démocratique du public américain.

La vision démocratique fondamentale de Morrison est qu'un dialogue démocratique ne peut s'instaurer que par une ouverture à l'humanité des individus et à l'intériorité de leurs personnalités. À l'instar du blues, Morrison assume l'humanité pleine et entière des Noirs – un geste révolutionnaire dans une civilisation raciste –, détrônant par là le statut supérieur des Blancs. Cette posture libère à la fois les Noirs et les Blancs et leur permet un engagement franc, bien que douloureux, dans la vie et la mort, la joie et le chagrin, la résistance et la domination, l'espoir et le désespoir de l'Empire américain. Comme son bien-aimé Faulkner, Morrison nous emmène dans la face cachée et sombre du Disney World américain pour mettre à nu la vie de ceux qui sont littéralement mutilés par la désillusion.

Morrison est une démocrate subversive en ce sens qu'elle rejette toutes les formes d'autorité qui s'opposent à l'épanouissement de l'individualité. Elle proclame tous les types d'autocréation qui prennent au sérieux la quête de sagesse et de justice. Son insistance sur la nécessité de prendre en compte la détresse et les valeurs de tous les peuples est vitale pour nous au moment où nous tentons d'instiller la démocratie au Moyen-Orient, une région déchirée par des questions d'identité offensée.

Notre démocratie est certes affreusement délabrée, et l'on peut comprendre le désengagement de tant de gens et leur fuite dans des formes superficielles de divertissement et de satisfaction. Mais l'amour pour la démocratie exprimé par ces grands artistes reste puissant, ainsi que la longue tradition de dénonciation des ravages de notre impérialisme.

La colère et la désillusion qu'a inspirées à tant d'Américains l'administration Bush, surtout du fait de sa manipulation malhonnête dans le lancement de la guerre d'Irak, ne sont pas une question d'engagement étroitement partisan. Il ne s'agit pas ici de la polarisation typique des partis politiques. La passion suscitée par cette administration vient d'un profond attachement aux idéaux démocratiques. Si elle n'avait pas trahi ces idéaux, elle n'aurait pas eu besoin de mentir à la nation pour obtenir un soutien à la guerre. La critique passionnée que font tant d'Américains de notre militarisme actuel est un témoignage de la vivacité et de l'intensité de l'attachement du public à la démocratie.

Bien que la saturation du monde par notre culture de marché ait obscurci le profond courant démocratique dans la vie américaine, c'est ici que les intellectuels démocrates ont eu le plus grand impact. L'artiste et l'intellectuel le plus profondément démocrate, Anton Tchekhov, ne vivait pas dans une société démocratique. Nous pouvons nous inspirer de son génie – comme le montre son immense popularité aujourd'hui –, mais dans notre monde, nous n'avons pas à faire lever une expérience démocratique ; il nous faut plutôt soutenir et affiner la nôtre avant qu'elle ne s'effondre.

La civilisation américaine étant d'abord et avant tout une culture des affaires – une société menée par le marché –, ses élus et ses élites économico-financières se préoccupent avant tout de la croissance économique et de la prospérité nationale. C'est pourquoi ce sont les voix artistiques, militantes et intellectuelles situées hors de l'establishment politique et économique qui ont offert les vues les plus pénétrantes et les visions les plus énergisantes pour le développement du projet démocratique américain.

Cette profonde tradition des artistes, des activistes et des intellectuels démocrates est bien vivante. Nous avons de grands auteurs de théâtre comme Tony Kushner, August Wilson et Arthur Miller, qui ne perdent jamais de vue l'individualité démocratique dans leurs explorations de la face cachée et sombre de la vie américaine ; de grands romanciers comme Thomas Pynchon, Russell Banks et Toni Morrison, qui décrivent le fonctionnement des communautés démocratiques en lutte contre le pouvoir de l'élite ; des cinéastes majeurs comme Charles Burnet et les frères Wachowski, qui montrent des sociétés démocratiques frappées par la crise à l'aube de l'ère de l'information ; et de grands critiques sociaux comme Noam Chomsky et Susan Sontag, qui ont uni la tradition humaniste aux idéaux démocratiques. Quand Marian Wright Edelman se bat pour éliminer la pauvreté des enfants, quand William Greider demande que les fonds de pension servent à soutenir des entreprises socialement responsables, quand Angela Davis met en cause le rôle de la prison, quand Barbara Ehrenreich souligne la détresse des travailleurs pauvres, quand Dolores Huerta invite les immigrants à se syndicaliser, quand Ralph Nader lutte pour la transparence démocratique des grandes entreprises, nous savons qu'il est possible de résister au courant impérialiste de la vie américaine. Quand des citoyens visionnaires et courageux voient à travers les dogmes et le nihilisme de ceux qui nous gouvernent et se rassemblent pour fortifier l'individualité démocratique, nos communautés et notre société ont une chance de progresser. La tradition démocratique en Amérique, qu'ont gardée vivante nos artistes les plus défiants et les plus prophétiques, est le plus grand présent qu'ait fait l'Amérique au monde.

L'indignation morale suscitée par une politique militariste arrogante, les baisses d'impôts au profit des riches et les excès autoritaires de l'administration Bush surgit de ces profondeurs d'attachement à la démocratie et est le signe qu'une résurgence est en chemin. Il n'est ni naïf ni donquichottesque de parler d'un réveil démocratique face à la corruption dont est imprégné notre système politique et économique. Notre histoire a montré qu'il n'est pas vain de faire appel au profond attachement aux valeurs et aux mandats démocratiques. Mais nous ne devons pas confondre cet attachement démocratique avec un patriotisme exacerbé. Le premier est guidé par des vertus communes forgées par des citoyens ordinaires, le second par les idéaux guerriers de puissantes élites. L'engagement démocratique combat l'hypocrisie et le mensonge américains au nom de l'intérêt public ; le patriotisme met en avant l'innocence et la pureté de l'Amérique au nom de la gloire nationale.

Alors que nous sommes embarqués dans une entreprise douteuse pour implanter la démocratie au Moyen-Orient, les perspectives vitales sur les limites douloureuses et la brutale arrogance de notre propre démocratie que nous offrent ces voix démocratiques – elles-mêmes inspirées par les voix prophétiques de la tradition démocratique américaine – doivent nous guider pour lutter et apprécier la complexité culturelle et politique des sociétés que nous tentons si brutalement de remodeler. La démocratie américaine a elle-même toléré des pratiques de privation des droits démocratiques non seulement des Noirs, mais des Indiens, des travailleurs asiatiques et latinos, et des immigrants d'Europe ; la conscience des effets dévastateurs à long terme de ce traitement, sur le plan matériel et psychique, doit informer notre objectif de répandre la démocratie dans le monde. Nous risquons d'alimenter plus de ressentiment que de passion démocratique au Moyen-Orient si nous ne sommes pas sensibles aux caractères particuliers à partir desquels la démocratie doit évoluer là-bas.

Nous ne devons pas nous laisser séduire par les déclarations simplistes de l'administration Bush sur l'engagement à instiller la démocratie en Afghanistan et en Irak – sans parler de la répandre dans tout le reste du Moyen-Orient –, comme si la démocratie était une chose qui pouvait être imposée aisément de l'extérieur, surtout par une superpuissance arrogante aux motifs douteux. Ce n'est pas la véritable voix de la tradition démocratique américaine : c'est celle de la tradition impériale américaine. Mais de même qu'il existe de puissantes voix en faveur du progrès démocratique dans la tradition américaine, il existe de puissantes voix de sagesse et de désaccord au sein du Moyen-Orient. Le besoin d'identités démocratiques dans les mondes juif et musulman pèse lourd, et l'une des questions les plus urgentes pour les démocrates américains qui s'opposent au militarisme de l'administration Bush est celle-ci : comment pouvons-nous reprendre notre pays, de sorte que la profonde tradition démocratique en Amérique contribue à forger ces identités démocratiques à l'étranger et soit une force de paix et de justice dans cette partie du monde en tumulte ?

CHAPITRE III

Forger de nouvelles identités démocratiques juive et musulmane[1]

« Parmi les peuples du monde, nous [les Juifs] avons été les seuls à séparer le vivant en nous de toute communauté avec ce qui est mort. Car si la terre nourrit, elle attache aussi. Chaque fois qu'un peuple aime le sol de sa terre natale plus que sa propre vie, il est en danger. [...] La terre trahit un peuple qui a confié sa permanence à la terre.

Franz ROSENZWEIG,
L'Étoile de la rédemption, 1921

« Le Juif américain, si l'on me permet de le dire – et je le dis avec amour, que vous le croyiez ou non –, commet l'erreur de croire que son Holocauste prend fin dans le Nouveau Monde, là où le mien commence. Ma diaspora continue, la fin n'est pas en vue, et je ne peux pas compter sur la morale de cette société de consommation frappée de panique pour me sortir d'Égypte. »

James BALDWIN,
The Price of the Ticket, 1985

1. Ce chapitre a été écrit avant la mort de Yasser Arafat en novembre 2004.

« Quand nous parvenons à la conclusion, comme de nombreux intellectuels l'ont fait récemment, que l'on peut trouver dans la doctrine islamique une justification du capitalisme comme du socialisme, de l'activisme comme du fatalisme, de l'œcuménisme comme de l'exclusivisme, nous commençons à ressentir le terrible décalage entre les descriptions académiques de l'islam (fatalement caricaturées dans les médias) et les réalités spécifiques à découvrir au sein du monde islamique. [...] Mais ce qui sous-tend toute interprétation d'une autre culture, et notamment de l'islam, c'est le choix qui attend chaque intellectuel : mettre son intelligence au service du pouvoir ou au service de la critique, de la communauté et du sens moral. »

Edward SAÏD, *Covering Islam*, 1981

« La bonne société s'appuie sur trois égalités : l'égalité économique, connue aujourd'hui sous le nom de socialisme, ou partage des richesses ; l'égalité politique, ou démocratie, soit le partage des décisions politiques qui affectent la vie quotidienne ; et l'égalité sociale, qui résulte dans une certaine mesure du socialisme et de la démocratie, et se caractérise par une absence de classes sociales et de discrimination basée sur la couleur, la religion, la race ou le sexe. Dans la bonne société, les gens sont jugés selon leur caractère intellectuel et moral, tel qu'il se reflète dans leur vie publique et privée et apparaît dans l'esprit de service public à tout moment et par tous les moyens. L'égalité sociale tend à supprimer les classes sociales et les différences entre la vie urbaine et rurale en offrant des chances égales de raffinement culturel. »

Mahmoud Mohamed TAHA,
The Second Message of Islam, 1987

Le sanglant conflit du Moyen-Orient est trop souvent perçu comme un interminable affrontement entre Israéliens et Palestiniens, ou entre Israël et le monde arabe. Nous reconnaissons rarement le rôle qu'a joué un impérialisme ayant perdu tout contrôle dans la mise en branle de ce conflit. Les racines de celui-ci se trouvent dans les ombres portées par l'Empire britannique, par la guerre froide et, de nos jours, par le soutien américain impérial à l'État d'Israël, à l'Égypte et à la Jordanie. En fait, le terme même de « Moyen-Orient » a été forgé en 1902 par un impérialiste américain de premier ordre, l'officier de marine Alfred Thayer Mahan, pour désigner l'espace géographique situé entre l'Inde et les provinces arabes de l'Empire ottoman. Autrefois, on utilisait les termes d'« Asie occidentale » ou d'« Asie ottomane ». Avec l'effondrement de l'Empire ottoman après la Première Guerre mondiale, le terme de « Moyen-Orient » a été repris et popularisé par le *London Times*, et il semble que nous y soyons désormais condamnés.

La compréhension populaire du conflit, notamment aux États-Unis, a subi une grossière simplification ; il est rarement présenté à travers un prisme démocratique mettant en lumière l'extrême détresse des Israéliens et des Arabes, des Kurdes et des Turcs, des Iraniens et des Irakiens ordinaires. Les termes mêmes du débat ont été modelés par nos plus zélés jongleurs de pouvoir, qu'ils soient à la tête des États-Unis, d'États islamiques ou d'Israël. Ces élites témoignent d'un parfait dédain pour les faits inconfortables de l'histoire passée et présente, et n'hésitent pas à tordre outrageusement les subtils arguments avancés par leurs adversaires. S'il y a une époque décisive pour la libération des profondes énergies démocratiques dans la région, c'est bien la nôtre.

Nous devons partir du souci fondamental de toutes les élites dans la région, à savoir l'accès au pétrole. Il est impossible de comprendre ce conflit sans reconnaître ce fait crucial. La crise ne peut être résolue si l'on perd de vue les jeux de pouvoir des élites pour s'assurer l'accès à cette ressource. Ces jeux de pouvoir entravent tout effort pour promouvoir de profondes identités démocratiques tant en Israël que dans les pays musulmans. Cependant, des voix s'élèvent vaillamment dans les communautés juives d'Amérique et d'Israël comme dans le monde musulman, pour en appeler à ces identités et pratiques démocratiques qui ne sont pas encore écoutées avec l'attention qu'elles méritent. Les questions de démocratie exigent que nous entendions ces voix courageuses et que nous les aidions à se diffuser largement ici et dans leur propre pays.

La quête impérialiste pour l'accès au pétrole nous a laissé un triple héritage. En premier lieu, ce besoin de se procurer du pétrole, véritable talon d'Achille de la politique étrangère des États-Unis dans la région, suscite l'indifférence honteuse et radicalement non démocratique des riches régimes autocratiques arabes, qui demeurent hostiles à l'existence même d'Israël ; ensuite, la terrible occupation par Israël des terres des Palestiniens depuis plus de trente-sept ans viole les lois internationales et tous les codes de l'éthique humaniste. Toute résolution de la crise dans la région passe par la fin de cette occupation injuste et inefficace. Enfin, il est indispensable de garantir la sécurité d'Israël contre les barbares attentats-suicides qui tuent des civils innocents. Ces trois défis fondamentaux – lutte contre l'absence de démocratie et la bigoterie antisémite des riches États arabes, justice pour les Palestiniens et sécurité pour Israël – dépendent de la capacité à promouvoir de profondes identités démocratiques dans la région.

Cela ne peut se réaliser avec l'attitude et la politique actuelles de l'Amérique dans la région. Par exemple, dans la planification profondément viciée de l'après-guerre en Irak, l'administration Bush a fait montre d'un répugnant manque de compréhension et d'intérêt pour la situation intérieure du pays, comme elle a failli en toute irresponsabilité à ses engagements vis-à-vis du régime qu'elle avait mis en place en Afghanistan. Une approche plus authentique pour inspirer et nourrir la démocratie dans la région exigera des États-Unis qu'ils modifient leurs attitudes contradictoires, liées à leur profonde hypocrisie, dans leurs échanges avec les régimes moyen-orientaux. Nous aidons à mettre en place certains tyrans tout en décidant d'en faire chuter d'autres, et cela de façon unilatérale. Nous nous voilons la face devant l'hypocrisie d'Israël dans ses rapports avec les Palestiniens, tout en faisant preuve d'un inexcusable manque de compréhension pour le point de vue des Palestiniens dans toutes nos tentatives pour concevoir un plan de paix. Nous avons contribué à installer et maintenir au pouvoir Saddam Hussein en personne, et avant lui la tyrannie du shah en Iran. Ces jeux de pouvoir sans principes nous sont revenus en boomerang quand ils ont fini par susciter des régimes qui nous sont hostiles, ainsi qu'un sentiment anti-américain général au Moyen-Orient. Notre rôle dans la région étant décisif, il est indispensable, pour forger des démocraties plus authentiques et résoudre le conflit israélo-palestinien, que le gouvernement et le public américains aient une vision un peu plus éclairée des complexités de l'opinion publique, opposée aux élites régionales jonglant avec le pouvoir. Pour l'instant, Israël comme le monde arabe se trouvent sous la menace de penseurs extrémistes et d'élites jongleuses. Au lieu de traiter avec ces élites frappées de myopie, les États-Unis doivent respecter et encourager les voix démocratiques étouffées dans l'un et l'autre mondes.

À l'instar de l'administration Bush, dont les vues arrogantes et unilatérales ont marginalisé les voix démocratiques en Amérique au su et au vu du reste du monde, les élites corrompues et extrémistes du monde arabe et d'Israël ont fait taire leurs propres énergies démocratiques. Mais les forces démocratiques sont bien là, et nous devons apprendre à les apprécier et à les soutenir pour contribuer à forger de nouvelles identités démocratiques dans la région. Ces identités doivent non seulement abattre les barrières que constituent toutes les formes de tribalisme et de provincialisme, mais aussi braquer les projecteurs sur les Israéliens et les Arabes ordinaires qui rejettent la bigoterie, désirent la paix et aspirent à être autre chose que de simples pions sur l'échiquier des élites israéliennes, arabes et américaines. Cet objectif peut sembler donquichottesque parce que la polarisation, au Moyen-Orient, surtout dans le conflit israélo-palestinien, est devenue si extrême qu'elle paraît sans issue. Lever les entraves à la paix exigera certes un effort herculéen, mais il est indispensable de susciter une politique américaine éclairée, jointe à l'énergie de mouvements sociaux démocratiques dévoués à la paix et à la justice. Israël et le monde arabe abritent en leur sein de fortes traditions susceptibles d'encourager ce changement dans la conscience majoritaire.

Commençons par la longue et riche tradition prophétique chez les Juifs. Il y a eu un long combat au sein de la communauté juive, tant en Amérique qu'en Israël, sur l'hypocrisie morale du traitement réservé par Israël aux Palestiniens, les Juifs progressistes soutenant que la tradition prophétique exige une approche plus compassionnelle, plus démocratique et plus juste. Comme l'écrit en 2003 le rabbin Michael Lerner, du magazine *Tikkun*, dans son livre *Healing Israel/Palestine,* « les Juifs ne sont pas retournés dans leur ancienne patrie pour opprimer le peuple palestinien, et les Palestiniens n'ont pas résisté à la création d'un État juif par haine des Juifs. Dans la longue histoire des combats de propagande entre sionistes et Palestiniens, chaque bord a parfois raconté l'histoire de façon à faire apparaître l'autre comme perpétrant sans cesse de mauvaises actions pour de mauvaises raisons. En fait, les deux bords ont commis et continuent de commettre de terribles erreurs. [...] Tant que chaque bord s'accroche à sa propre histoire, incapable de reconnaître ce qui est acceptable pour lui dans l'histoire de l'autre, la paix restera un espoir lointain. Ceux d'entre nous qui sont à la fois pro-Israël et pro-Palestine, qui croient à la validité de l'État d'Israël comme au sens moral de la grande majorité des Palestiniens, et qui n'acceptent pas les grossières distorsions, présentées comme des analyses, des médias et de la politique américaine (par exemple, que Barak aurait offert une chance historique aux Palestiniens, ou que le peuple palestinien n'exige pas moins que la destruction d'Israël), sont systématiquement exclus du tableau que nous brossent les médias des deux acteurs du conflit. »

La barbarie terroriste lancée contre les Juifs en Israël, d'abord par les États arabes, puis par les attentats-suicides, est réelle et n'a pas à être justifiée (comme le font les zélotes propalestiniens), mais la position dominante des Juifs s'est tellement durcie face à cette souffrance et au sentiment d'être rabaissé par un ennemi, que la communauté juive s'est peu à peu éloignée de sa propre tradition prophétique.

Rappelons que l'invention juive du prophétisme, que l'on trouve dans les enseignements bibliques d'Amos, Osée, Ésaïe, Michée, Jérémie et Habacuc, place la justice au cœur du choix du peuple juif, tout en faisant de la compassion envers la souffrance et de la bonté envers l'étranger les fondements de la plus noble vocation humaine. L'alliance divine avec Abraham, la délivrance divine des Juifs d'Égypte, le pathos divin contre l'injustice chez Amos et la promesse divine de salut chez Ésaïe parlent tous du cœur du prophétisme : ce refus juif typique de laisser le pouvoir brut étouffer la justice, ou la force primer sur le droit. Le prophétisme des Écritures est en son cœur une accusation contre les adorateurs de l'idole du pouvoir humain. Selon les Écritures, puisque l'homme ne peut être divin – et agit souvent de façon parfaitement diabolique –, les voix prophétiques doivent rappeler à Israël ce que Dieu exige de l'humanité : « Et ce que l'Éternel demande de toi, c'est que tu pratiques la justice, que tu aimes la miséricorde, et que tu marches humblement avec ton Dieu » (Michée 6, 8). L'alliance (et non pas le contrat) entre Dieu et Israël implique l'amour de Dieu pour la justice, et le devoir qu'il confie à Israël est celui-ci : « [...] garder la voie de l'Éternel en pratiquant la droiture et la justice » (Genèse 18, 9). Les figures prophétiques de l'histoire d'Israël – Jérémie, Michée, Amos et Ésaïe – expriment la compassion et la justice *divines* pour éveiller la compassion et la justice *humaines*.

Le témoignage prophétique consiste en actes humains de justice et de bonté s'attaquant aux sources humaines de la douleur et de la misère. Il désigne les causes de la souffrance injustifiée et des maux sociaux non nécessaires, et met en lumière le mal personnel et institutionnel, y compris celui d'être indifférent à ces maux. L'énoncé prophétique vise expressément à secouer l'ignorance délibérée et l'aveuglement volontaire à la souffrance des autres, et à exposer les formes malignes d'évasion et d'évitement que nous inventons pour dissimuler l'injustice et nous cacher d'elle. Le prophétisme vise à susciter en nous le courage de nous soucier des autres et à nous donner la force de transformer notre vie et nos conditions historiques.

La tradition prophétique juive est centrale aux questions de démocratie, parce que l'éternelle question pour toute démocratie, surtout chez les nations impériales, est de savoir dans quelle mesure l'intérêt public est informé et influencé par les plus vulnérables dans notre société. L'invention juive du prophétisme a mis pour la première fois cette question en pleine lumière. Le rabbin Michael Lerner, suivant son maître le grand Abraham Joshua Heschel, est un représentant de cette tradition prophétique judaïque.

Quelle tristesse de passer de cette ample vision judaïque à l'effusion de sang et à la bigoterie, à la myopie et à l'idolâtrie qui caractérisent le conflit israélo-palestinien ! Les deux peuples ont actuellement à leur tête des dirigeants arrogants et têtus, enfermés dans une escalade croissante de violence, qui gouvernent avant tout en manipulant la peur et la paranoïa profondes de leurs peuples respectifs – au demeurant compréhensibles. Mais cette paranoïa a été récupérée par les xénophobes nihilistes des deux bords. Du côté juif, nous avons de zélés colons dont la vision du Grand Israël suppose un apartheid total pour les Palestiniens ; et, du côté palestinien, des poseurs de bombes kamikazes qui appellent à l'annihilation des Juifs. Il est clair que cette impasse apparemment sans issue ne peut être réglée par les seuls Palestiniens et Israéliens. Le gouvernement israélien refuse de démanteler les colonies impériales d'Israël ou de renoncer à son occupation coloniale. Le gouvernement palestinien refuse d'arrêter les kamikazes ou de punir de façon conséquente ceux qui travaillent à pousser les Juifs à la mer. Le racisme anti-arabe et le racisme antisémite limitent les possibilités démocratiques chez les deux peuples. Le seul espoir d'une paix juste se trouve soit dans une intervention des États autocratiques arabes pour assurer la sécurité d'Israël et accepter sa légitimité, soit dans la capacité de l'Empire américain à allier son indispensable soutien diplomatique et financier à des objectifs démocratiques et anti-impériaux.

L'obstacle majeur à la paix dans la région est le gouvernement autocrate des élites arabes et leur soutien, explicite ou non, au terrorisme antijuif (ce terrorisme haineux des poseurs de bombes qui a porté un coup si terrible à la paix), mais la relation particulière entre les États-Unis et Israël et la violence israélienne contre les Palestiniens ont joué un rôle non moins décisif dans l'aggravation du conflit.

Il ne fait pas de doute que le lien entre l'Empire américain et l'État d'Israël est d'une nature très particulière. Il ne l'a pas toujours été, et il est probable qu'il ne le sera pas toujours. La plupart des élites politiques américaines ont soutenu les États arabes dans les années 1940-1950 pour obtenir du pétrole. En 1956, le président Eisenhower ordonna à Israël de se retirer de la bande de Gaza et du Sinaï qu'il avait envahis et occupés, soutenu par une Grande-Bretagne avide de pétrole et une France qui haïssait Nasser. Israël obéit. L'alliance actuelle entre les États-Unis et Israël n'a pas émergé avant le milieu des années 1960, quand les liens qu'entretenait l'Union soviétique avec l'Égypte et avec la Syrie poussèrent le président Johnson à se rapprocher d'Israël. En même temps, la peur qu'avait Israël des menaces arabes d'éliminer l'État juif lui faisait rechercher le soutien des États-Unis. Le premier contrat de vente d'armes offensives à Israël (les jets A4 Skyhawk) fut signé en 1965.

Quand, en 1967, l'Égypte de Nasser ferma le détroit de Tiran, soit l'accès au seul port d'Israël sur la mer Rouge, Israël lança son attaque préventive historique contre l'Égypte et la Syrie – attaque approuvée par la CIA et le Pentagone au cours de la visite de Meir Amit (le chef du Mossad) à la veille de l'action qui devait déclencher la guerre des Six Jours. À l'automne suivant, les États-Unis vendirent des jets Phantom à Israël, dotant pour la première fois de cette arme un allié hors de l'OTAN, avant même d'en doter les forces sud-vietnamiennes aux côtés desquelles des soldats américains mouraient tous les jours. Les ventes d'armes à Israël s'élevaient à 410 millions de dollars entre 1968 et 1970. Cette somme monta à 1,2 milliard de dollars entre 1971 et 1973. Après la défaite de l'Égypte et de la Syrie, deux États clients de l'URSS, dans la guerre du Kippour en 1973, l'aide militaire américaine se renforça encore. En 1974, elle atteignait 2,57 milliards. Ce déplacement massif du soutien américain au profit d'Israël ne s'est pas effectué parce que les dirigeants américains étaient gagnés à la juste cause de l'État d'Israël, mais pour des raisons politiques et géostratégiques de guerre froide. Israël, un État petit et fragile en état de siège, devint un important allié de l'Empire américain du fait de la dépendance de celui-ci au pétrole et de sa crainte de l'influence soviétique sur les États arabes.

De nos jours, Israël, pays de 6,5 millions d'habitants, bénéficie de 33 % du budget de l'aide étrangère de l'Empire américain (trois milliards de dollars par an). L'Égypte en recueille 20 %, en échange notamment d'une non-agression d'Israël, le troisième bénéficiaire étant la Jordanie (qui se trouve ainsi placée sur le même plan que l'Inde !). Bref, plus de la moitié du budget va à la sécurité d'Israël. L'Afrique reçoit dix cents par an et par habitant de l'aide américaine, Israël cinq cents dollars par an et par habitant. Seuls 0,2 % du PNB des États-Unis vont à l'aide étrangère – ce qui met l'Amérique au vingt-deuxième rang des pays les plus riches dans le monde !

Au bas mot, l'aide américaine à Israël depuis 1949 s'élève à 97,5 milliards de dollars. Israël est certes devenu un géant militaire (doté d'armes nucléaires) au Moyen-Orient, mais cette puissance militaire et la protection des États-Unis qui l'accompagnait n'ont pas été gratuites. Israël en a payé le prix : il n'a ni la paix ni une réelle sécurité. Les empires ont toujours cherché des alliés pour les assister dans leur sale boulot, et Israël a joué un rôle clé dans certaines des politiques les plus douteuses des États-Unis au cours de la guerre froide, comme la fourniture d'armes et de soutien logistique à la dictature de Somoza au Nicaragua, au gouvernement afrikaner d'apartheid en Afrique du Sud, aux voyous de l'UNITA en Angola et aux juntes du Guatemala. Comme la Turquie, la Grèce et la Corée du Sud, Israël est devenu un allié de premier plan des États-Unis, et aucun autre allié au Moyen-Orient n'a obtenu à ce jour d'aussi bons résultats.

À mesure que cette étrange alliance se développait et s'approfondissait, les élites américaines et certaines factions juives américaines s'installaient dans un partenariat tellement étroit qu'elles en sont venues à adopter une attitude systématique de « pas de critiques » sur toutes les interventions d'Israël dans le conflit avec les Palestiniens – position qui a effectivement fait taire les critiques, y compris les critiques juives.

La douloureuse ironie est que le groupe le plus significatif et le plus puissant en dehors d'Israël assiégé n'a pas été libre de s'engager dans un réel débat sur la politique du gouvernement israélien. Il y a en effet beaucoup de Juifs animés par l'esprit prophétique sur les 6,1 millions que compte l'Amérique (1,8 % de la population des États-Unis), soucieux d'un questionnement socratique honnête de la ligne dure suscitée par l'alliance entre les États-Unis et Israël, mais leurs voix sont marginalisées et leurs motivations souvent diabolisées. Les dirigeants juifs majoritaires ont étouffé l'authentique vision prophétique juive. Ainsi, l'identité juive la plus visible dans la diaspora apparaît souvent comme une identité impériale qui trouve son assise et sa sécurité dans la puissance militaire et l'occupation coloniale des Palestiniens. Pourtant, en matière de politique intérieure, les Juifs américains ont été avec les Noirs le groupe le plus loyal au soutien des droits et des libertés civiques. Ils ont été un pilier du soutien libéral à la justice sociale pour tous en Amérique, mais la question de l'État d'Israël tend à museler leurs énergies démocratiques.

Vue à travers le prisme du prophétisme, qui remonte au combat contre l'Égypte de Pharaon, cette identité juive conservatrice à l'égard d'Israël empeste l'idolâtrie impériale, et elle restera en place tant que l'on imposera un cadre manichéen grossier à la discussion du conflit. Ce cadre paralysant montre des Israéliens civilisés, soutenus par les États-Unis, dos au mur face à des Palestiniens sauvages soutenus par des terroristes arabes. Cette étroite façon d'aborder une situation aussi complexe encourage la négation inhumaine des souffrances palestiniennes au nom d'une douteuse sécurité des Israéliens. En bref, cette attitude à courte vue empêche la justice pour les Palestiniens et la sécurité pour les Israéliens.

Comme le soulignait en 2002 Michael C. Staub dans *Torn at the Roots. The Crisis of Jewish Liberalism in Postwar America*, le furieux débat au sein de la communauté juive sur le sionisme, la déségrégation, le Vietnam, les relations hommes-femmes et le mariage exogame mettent de plus en plus les Juifs prophétiques sur la défensive. « Oui, écrit-il, de nombreux Juifs ont été et sont encore des radicaux, des libéraux de gauche ou plus modérés. Mais si l'on ne s'intéresse pas à ce conflit intrajuif, on n'imagine pas combien ces positions ont déjà été combattues au sein de la communauté, ni l'énergie et la créativité des arguments antigauche et antilibéraux avancés par leurs adversaires. Ainsi, les activistes juifs qui invoquaient la tradition prophétique de Michée, d'Amos et d'Ésaïe pour lier moralement le judaïsme à l'activisme antiraciste et à d'autres questions de justice sociale ont déjà subi de rudes attaques dans les années 1950. »

À l'égard du conflit israélo-palestinien, il note en parlant des années 1970 qu'il serait difficile « de ne pas conclure que les faucons l'avaient emporté sur les colombes. [...] Il est crucial d'enregistrer la vitalité rémanente d'un sionisme américain appuyé sur la droite et marqué par la religion ».

Les Juifs prophétiques américains qui ont mis en cause ces dernières années la perspective manichéenne et à courte vue sur ce conflit ont subi un sort peu enviable. L'expérience de Breira (*breira* en hébreu signifie « alternative ») est révélatrice. Entre 1973 et 1977, ce groupe de Juifs prophétiques a tenté de créer un espace démocratique où puisse avoir lieu un réel débat sur le destin des Israéliens et des Palestiniens, au-delà de l'étroit consensus des dirigeants juifs américains majoritaires – consensus appuyé sur l'idée de *ein breira,* « pas d'alternative ».

Breira accusait l'establishment juif d'une sorte d'« israëloterie », consistant à suivre aveuglément l'État d'Israël en négligeant l'attachement démocratique des Juifs à la paix et à la justice. Le groupe se déclarait nettement en faveur de la sécurité d'Israël tout en soutenant bravement un État palestinien, et appelait à un débat démocratique et respectueux entre Juifs américains sur le conflit israélo-palestinien. Ses membres ont été attaqués sans merci – se voyant refuser l'adhésion aux organisations juives locales, contraints de quitter le Breira pour conserver leur travail dans les Fondations Hillel, et désignés comme des Juifs frappés de haine de soi. Cette réponse antidémocratique de la part des groupes juifs majoritaires fit passer des frissons sur l'échine des Juifs prophétiques. Le traitement réservé au rabbin Arthur Waskow fut terrible. Sa position prophétique pro-Israël et pro-Palestine fut délibérément stigmatisée comme une position terroriste pro-OLP. On vit en lui un « Juif pour le Fatah », et non pas un rabbin concerné, enraciné dans la tradition prophétique du judaïsme. Comme le rabbin Michael Lerner de nos jours, le rabbin Weskow fut injustement qualifié de Juif hérétique ou traître. Pourtant, l'un et l'autre tiennent bon aujourd'hui encore contre ces attaques.

Le présent semble plus prometteur. De fortes voix prophétiques émergent de la diaspora juive et d'Israël même pour formuler de puissantes critiques sur la gestion de la crise par Israël et proposer courageusement des voies moins violentes et plus démocratiques. New Jewish Agenda, Jewish Peace Lobby, Jewish Peace Network, Americans for Peace Now, le magazine *Heeb*, Israel Policy Forum et surtout le magazine *Tikkun* du rabbin Michael Lerner et la communauté Tikkun (dirigée par Lerner, Susannah Heschel et moi-même) commencent lentement à renverser la vapeur vis-à-vis de l'idolâtrie impériale juive dominante. Ces organisations reconnaissent que l'occupation coloniale par Israël des territoires palestiniens et sa déférence devant les intérêts stratégiques impériaux des États-Unis n'offrent ni la sécurité à Israël ni la justice aux Palestiniens. Mais ces Juifs prophétiques trouvent en face d'eux les formidables forces des élites juives établies.

Ces forces ont financé, par le biais d'un très puissant groupe de pression, un impressionnant activisme civique juif visant à soutenir les politiques gouvernementales d'Israël et à faire taire les Juifs prophétiques et les non-Juifs. Nous autres, démocrates, devons soutenir le droit des citoyens à organiser et influencer la politique étrangère et nationale des États-Unis. Mais il doit y avoir aussi, dans la vie publique démocratique, une transparence et une responsabilité qui incluent le débat et le dialogue. Malheureusement, ce très efficace groupe de pression pro-israélien semble montrer peu d'intérêt pour le débat. Comme ce fut le cas pour le Breira et le rabbin Waskow, sa réponse aux Juifs prophétiques d'aujourd'hui bloque tout échange démocratique significatif.

Les deux principaux groupes de pression sont l'American Israel Public Affairs Committee (AIPAC) et la Conference of Presidents of Major American Jewish Organizations. L'AIPAC est fort de soixante mille membres et d'un personnel de cent trente employés, avec un budget annuel d'environ vingt millions de dollars. Il se concentre sur le Congrès et possède un siège près du Capitole. Il mobilise les soutiens à la ligne dure d'Israël dans pratiquement toutes les circonscriptions du Congrès. Il encourage ses membres à faire des contributions financières substantielles aux candidats des deux partis (du républicain conservateur Trent Lott à la démocrate libérale Hillary Clinton), et il peut torpiller les candidats qui critiquent la politique d'Israël, comme Cynthia McKinney en Géorgie. Le second groupe est composé des dirigeants de cinquante et une organisations juives, dont les trois plus grandes sont : l'Union of American Hebrew Congregations (1,5 million de Juifs réformés et

900 synagogues), l'United Synagogue of Conservative Judaism (1,5 million de Juifs conservateurs et 760 synagogues), et l'Orthodox Union (600 000 Juifs orthodoxes et 800 congrégations). Ce dernier groupe est géré par six personnes, avec un budget annuel inférieur à un million de dollars. Mais malgré la diversité politique et idéologique de ce mouvement, Malcolm Hoenlein, qui le dirige depuis dix-huit ans, a été appelé « le citoyen privé le plus influent dans la politique étrangère américaine » par un ancien diplomate américain. Son objectif fondamental a beau être la sécurité de l'État d'Israël, son insistance sur la justice pour les Palestiniens apparaît suspecte – même si beaucoup de Juifs prophétiques de son organisation veulent à la fois la sécurité pour Israël et la justice pour les Palestiniens. En bref, les membres de ce puissant groupe de pression – même s'il est loin d'être monolithique et n'a rien d'une cabale de sionistes gouvernant les États-Unis et le monde, comme le prétendent de zélés antisémites – se trouvent loin sur la droite de la plupart des Juifs américains et méprisent en général les voix juives prophétiques. En fait, leur souci de la sécurité d'Israël aux dépens des Palestiniens réclamant la justice a non seulement offert peu de sécurité à Israël, mais mené de nombreux Juifs peu informés sur une voie impériale qui étouffe leur propre héritage prophétique.

On ressent nettement cet étouffement dans les secteurs les plus influents des médias. Mortimer Zuckerman, le nouveau chef de la Conference of Presidents of Major American Jewish Organizations, possède *US News & World Report* et le *New York Daily News*. Martin Peretz, rédacteur en chef et copropriétaire de la *New Republic*, est un défenseur de la ligne dure d'Israël envers les Palestiniens. Les Sulzberger, la famille juive la plus sophistiquée et la plus ouverte, propriétaire du *New*

York Times, réserve ses colonnes au doyen non officiel du journalisme américain des affaires étrangères, l'auteur de best-sellers Thomas Friedman, dont les représentations biaisées du Moyen-Orient sont légion (malgré son courageux appel au retrait des colonies). Inutile d'ajouter que l'influence de Rupert Murdoch, un non-Juif (le *New York Post,* le *Weekly Standard,* la chaîne télévisée Fox News), est énorme. C'est un inconditionnel du groupe de pression impérial États-Unis-Israël.

Les voix dominantes pro-israéliennes ont si bien dépecé leur propre tradition juive prophétique qu'elles ont accepté le soutien des chrétiens conservateurs évangéliques. Quelle ironie ! l'antisémitisme passé et présent des chrétiens évangélistes de droite est notoire, et leur soutien à Israël s'appuie sur l'idée que l'État juif trace la voie à la seconde venue du Christ. La récente controverse sur le film de Mel Gibson, *La Passion du Christ,* révèle l'absurdité de cette alliance contre nature. Idolâtrer le veau d'or du pouvoir et de la force est une chose. S'unir aux héritiers de la source fondamentale de l'antijudaïsme au cours des deux mille ans de l'histoire juive, dont la lecture littérale du Nouveau Testament empeste l'antisémitisme, c'est révéler l'ampleur de la capitulation de l'establishment juif devant ce que l'Empire américain peut produire de pire.

Le plus grand philosophe juif du XXe siècle, Franz Rosenzweig, a placé la critique de l'idolâtrie au centre de sa pensée, comme en témoigne en 2000 le brillant ouvrage de Leora Batnitzky, *Idolatry and Representation. The Philosophy of Rosenzweig Reconsidered* : « La judaïté d'un Juif devient une injustice si on la met sur le même plan que sa nationalité. [...] Il n'y a pas, entre la judaïté et l'humanité, une "relation" qui devrait être découverte, examinée, expérimentée ou créée. [...] En tant que juif, on est un être humain, et un être humain en tant que juif. [...] Si étrange que cela puisse paraître aux oreilles obtuses d'un nationaliste, être juif ne constitue pas une barrière qui couperait les Juifs d'un autre qui serait limité d'être quelque chose d'autre. »

La puissante critique du sionisme par Rosenzweig – avec son soutien sans équivoque à la sécurité pour les Juifs – est pertinente pour notre époque. Il savait que l'idolâtric trop humaine de la terre et du pouvoir va à l'encontre de l'attachement prophétique à la justice, sans susciter pour autant de réelle sécurité. Ce type d'idolâtrie tend à encourager les ambitions impériales et les objectifs coloniaux, comme l'a noté voici plus d'un siècle le célèbre critique juif Ahad Ha'am après sa visite en Palestine : « Certains des nouveaux venus, à notre honte, se décrivent comme de "futurs colons". [...] Autrefois esclaves dans leurs diasporas, ils disposent brusquement d'une liberté illimitée. [...] Ce soudain changement a implanté dans leur cœur des tendances despotiques, comme toujours avec les anciens esclaves. Ils traitent les Arabes de façon hostile et cruelle, empiètent injustement sur leurs terres, les battent honteusement sans raison suffisante, et vont jusqu'à se vanter de leurs actes. Il n'y a personne pour arrêter le flot et mettre fin à cette tendance dangereuse et méprisable. »

De même, des géants prophétiques juifs comme Albert Einstein et Leo Baeck, qui parlaient « au nom des principes qui ont été les contributions les plus significatives du peuple juif à l'humanité », ont dénoncé l'approche à courte vue du conflit. Comme ils l'écrivaient en 1948 dans une lettre au *New York Times*, « les extrémistes arabes et juifs poussent aujourd'hui sans trêve la Palestine à une guerre futile. Tout en croyant à la défense de légitimes revendications, ces extrémistes de chaque bord sont les jouets les uns des autres. Ce règne de la terreur ignore les besoins et les désirs de l'homme de la rue en Palestine. [...] Nous croyons qu'une solution constructive n'est possible que si elle s'appuie sur le souci du bien-être et de la coopération des Juifs et des Arabes en Palestine ». Ils savaient qu'il doit se forger dans la diaspora une nouvelle identité juive démocratique qui brise toutes les mentalités impériales et délivre les énergies prophétiques des Juifs et des non-Juifs attachés à la justice. Cette identité démocratique doit refléter les réalités mêmes qui ont permis aux Juifs de réussir et de s'élever dans l'échelle sociale en Amérique : les droits et les libertés, le respect de chacun au sein d'une expérience démocratique. Les Juifs américains choisiraient-ils de vivre dans une Amérique qui bannit le mariage interreligieux, laisse une majorité chrétienne considérer les minorités comme des citoyens de seconde zone et gouverne brutalement ses voisins dont elle annexe tous les jours les propriétés ? L'État juif ne bannit-il pas le mariage entre Juifs et non-Juifs, ne discrimine-t-il pas ses citoyens arabes et n'occupe-t-il pas les terres des Palestiniens ?

Les Juifs américains ont été au premier plan de la lutte pour les droits et les libertés des peuples opprimés, surtout des Noirs. Où sont ces mêmes voix prophétiques quand il s'agit des droits des Palestiniens en Israël et sous occupation israélienne ? Nous vivons une période où les Juifs progressistes sont sévèrement attaqués. Pourtant, si une époque a besoin que se fassent entendre les meilleures voix du monde juif, c'est bien celle-ci. L'alliance entre une faction importante du pouvoir juif américain et les éléments les plus conservateurs de l'élite américaine a poussé à négliger les souffrances du peuple palestinien et à percevoir la vie des Palestiniens comme de moindre valeur que celle des Juifs ou des Américains. Il nous faut donc être à la fois sans ambiguïté dans notre soutien à la sécurité d'Israël, et pleinement attachés à voir finir l'oppression des Palestiniens. Les Juifs prophétiques peuvent à la fois exiger la sécurité pour Israël et appeler à la fin de l'occupation en se joignant aux non-Juifs qui sont prêts à les soutenir. Ils peuvent ouvrir la voie à un très important mouvement progressiste.

La tragique ironie, c'est que la foi profonde des Juifs américains et israéliens dans l'Empire américain est elle-même idolâtre et dangereuse. Elle est idolâtre parce qu'elle fait des hélicoptères de combat américains qui patrouillent la Cisjordanie palestinienne, et du mur approuvé par les États-Unis qui sépare les Palestiniens d'Israël, les symboles impériaux d'un Israël fondé au nom des prophètes. Elle est dangereuse parce qu'elle voit l'Amérique comme la terre promise des Juifs en méconnaissant ses profondes pulsions antisémites. Mais la réalité, c'est que l'Empire américain ayant choisi de favoriser Israël pour des raisons politiques et géostratégiques, il peut aussi bien l'abandonner pour les mêmes raisons. Et si un pays arabe riche en pétrole pouvait faire le sale boulot de l'Amérique impériale mieux qu'Israël, à moindre coût et avec moins de controverses, elle pourrait fort bien laisser tomber Israël.

N'y a-t-il pas en Espagne, en Égypte, en Allemagne, une longue et terrible histoire des Juifs de la diaspora succombant à la fausse sécurité et aux illusions assimilationnistes en s'inclinant devant leurs autorités impériales respectives ? L'Amérique est-elle si différente ? Les profonds courants antisémites de la civilisation occidentale et des sociétés dominées par le christianisme n'ont-ils pas atteint le cœur même de l'Amérique ? Que se passera-t-il quand les élites impériales américaines devront choisir entre le pétrole et Israël ? Ces élites ne peuvent-elles pas manipuler des sentiments antisémites chez les citoyens américains comme elles nourrissent d'autres peurs xénophobes pour des raisons opportunistes ? Le défi des démocrates est de traquer *toutes* les formes de bigoterie – y compris l'antisémitisme – et de réveiller ceux qui dorment debout dans leur confort somnambulique. Cela suppose de travailler avec nos concitoyens juifs à forger une nouvelle identité démocratique juive, ici comme ailleurs.

De même qu'une nouvelle identité juive démocratique peut s'appuyer sur la riche tradition prophétique du judaïsme, une nouvelle identité musulmane démocratique peut et doit émerger de la riche tradition prophétique de l'islam. Les efforts récents pour mettre en œuvre des projets démocratiques en Afghanistan et en Irak sont salutaires, mais ils ne doivent pas être guidés par des objectifs impériaux ou informés par une compréhension simpliste de la tradition islamique. En outre, toute tentative de démocratiser les États islamiques ou de soumettre l'islam au questionnement socratique doit tenir compte de leur récent passé impérial.

Les mouvements actuels de revitalisation de l'islam – qu'ils soient fondamentalistes ou non – sont une quête d'une nouvelle identité de la part de musulmans opprimés en réponse à l'échec d'expériences nationalistes de type laïque. Nasser en Égypte, le shah en Iran, Saddam en Irak ont été incapables de créer et de maintenir une identité où puissent se reconnaître des sujets musulmans sortant d'une oppression impériale. En outre, leurs liens respectifs avec les Empires soviétique et américain pendant la guerre froide ont creusé l'écart entre des gouvernants voyous et leurs sujets musulmans. Après l'effondrement au sommet du nationalisme laïque répressif, le renouveau de l'islam a mobilisé les masses et gagné du pouvoir d'État. Ce renouveau a été guidé par un type particulier d'islam – un islam clérical enraciné dans l'identité religieuse et réactif aux grandes angoisses libérées par l'échec de l'idéologie nationaliste laïque au réveil d'un passé colonial.

En ce sens, ces mouvements de revitalisation de l'islam ne sont pas des révoltes gratuites contre la modernité, ni des expressions d'une haine aveugle envers l'Amérique. Leur rapide appropriation de la technologie moderne (y compris l'arme nucléaire) et leurs engouements sélectifs pour la culture américaine (surtout la musique) ruinent ces clichés à la mode. Les turbulences du monde musulman contemporain (qui compte un milliard de personnes) se nourrissent surtout des craintes de déracinement culturel et des espoirs de sécurité matérielle. La quête d'une identité islamique rejette l'absence de racines et l'agitation de l'Occident moderne, et la licence et l'avarice de l'Empire américain. Elle est comparable à d'autres réponses fondamentalistes modernes à certains aspects de la modernité, qu'elles soient chrétiennes, judaïques ou tribales. Il reste que les traditions religieuses ne vont pas disparaître du jour au lendemain, et qu'il s'agit aujourd'hui de savoir comment soutenir les voix prophétiques et forger des identités démocratiques en leur sein.

Dans le monde développé, l'identité est souvent un sujet de conversation mondain ou de plaisanteries d'intellectuels. Mais dans le monde pauvre en développement, l'identité est une question de vie ou de mort. Elle concerne la personne que l'on est, la façon dont on traverse la vie et un désir élémentaire de protection, de reconnaissance et d'association dans un monde froid et cruel. Comme les croyances traditionnelles des peuples de couleur dans les deux Amériques, les traditions religieuses des peuples opprimés du Moyen-Orient, d'Afrique et d'Asie posent l'Occident lui-même comme une idole dont il convient de se méfier et qu'il vaut mieux garder à distance. Ce qu'ils connaissent de l'Occident moderne, c'est son visage impérial. Ils ont senti le poids de sa botte sur leur gorge et, même s'ils aspirent au confort des technologies capitalistes modernes, ils s'inquiètent d'une si belle rhétorique masquant des pratiques oppressives, et abhorrent l'individualisme matérialiste et l'hédonisme destructif. Il ne s'agit pas d'un rejet infantile de la modernité, mais d'une sage tentative d'intégrer le monde moderne dans ses propres termes.

Quand les idéologies impériales modernes vous ont déshumanisé et quand les entreprises modernes ont exploité votre travail, les situations postcoloniales deviennent l'occasion d'affirmer votre sentiment de soi et votre culture, même si cela apparaît comme un recul à vos anciens exploiteurs. Une imitation désinvolte de l'Occident serait du suicide – même s'il est douloureux de remodeler l'identité musulmane, comme le révèle de façon si poignante la grande littérature islamique moderne. Les figures littéraires paradigmatiques de Samba Diallo dans *L'Aventure ambiguë* de Cheikh Hamidou Kane (1983), Mustafa Sa'eed dans *Saison de migration vers le nord* de Tayeb Salih (1969), Ken Bugul dans *Le Baobab fou* de Mariétou M'Baye (1991), et Driss Ferdi dans *Le Passé simple* de Driss Chraïbi (1954) expriment toutes leur urgent besoin d'affronter la tradition islamique d'où ils sont issus.

Ce remarquable corpus de littérature – très centré sur le monde africain musulman – mérite davantage d'attention de la part de ceux qui s'intéressent à l'islam, à la modernité et à la démocratie. En fort contraste avec des figures littéraires renommées comme Salman Rushdie et V.S. Naipaul, ces auteurs se penchent sur les sources islamiques de leur identité moderne et sur les sources modernes de leur identité musulmane. Leurs œuvres explorent leur profond éloignement de cette double source et leur besoin de construire sur elle, contre l'Occident en toile de fond impérialiste. Comme l'écrit Kane dans *L'Aventure ambiguë*, « la nouvelle école partage les caractéristiques du canon et de l'aimant. Du canon, elle tire son efficacité comme arme de combat. Mieux que le canon, elle rend la conquête permanente. Le canon contraint le corps, l'école subjugue l'esprit. Là où le canon n'a laissé que cendres et mort, et des hommes qui n'ont pas émergé des décombres, la nouvelle école stabilise la paix. Le matin de la renaissance sera un matin de bénédictions et la vertu apaisante de la nouvelle école. De l'aimant, l'école a la force d'attraction. Elle est liée à un ordre nouveau, comme une pierre magnétique est liée à un champ. Le renversement de la vie de l'homme dans ce nouvel ordre est comparable à l'inversion de certaines lois physiques dans un champ magnétique. On voit les hommes se ressaisir, conquis, le long de lignes de force invisibles. Le désordre s'organise, la rébellion s'apaise, les matins de ressentiment retentissent de chants de remerciement universel. »

Cette quête islamique d'une identité moderne se situe entre le vendredi saint et Pâques, entre un passé de profondes blessures impériales et une résurrection attendue. Effacer l'Occident moderne, c'est ignorer la sombre situation du présent islamique. Faire table rase des traditions de l'islam, c'est se penser comme la copie vierge d'un Occident moderne qui ne laisse aucune place à leur complexité et leur humanité. Les questions de démocratie doivent affronter cette crise d'identité musulmane de façon critique et empathique. En bref, il ne peut y avoir de démocratie dans le monde musulman sans un remodelage de l'identité islamique. Cette identité moderne, susceptible de faire fusionner islam et démocratie, reste totalement ignorée des Occidentaux. Il nous appartient donc de procéder d'une manière autocritique et ouverte.

Le délicat dialogue entre l'Occident moderne et le monde musulman ne doit être ni une brutale guerre de civilisation, ni une domination de l'un sur l'autre. Il doit être au contraire un processus d'examen socratique d'un riche passé de fertilisation transculturelle. De même qu'il existe une longue tradition judéo-chrétienne, il existe une longue tradition judéo-islamique. Le rôle des figures de l'islam dans l'histoire de la pensée judaïque et chrétienne est immense, et de nombreux penseurs musulmans se sont approprié les énergies prophétiques du judaïsme et du christianisme, qui sont autant d'espoirs pour de nouvelles possibilités démocratiques. Cette route difficile a été tracée par des intellectuels musulmans phares – Fatima Mernissi, Mohamed Abid al-Jabri, Abdokarim Soroush, Mohamed Arkoun, Nawal El Saadawi, Anouar Majid, Tariq Ramadan, Khaled Abou El-Fadl et surtout Mahmoud Mohamed Taha – qui tous questionnent et scrutent l'Occident moderne et les traditions islamiques pour forger une nouvelle vision démocratique dans le monde musulman. Comme l'affirme Khaled Abou El-Fadl dans « Islam and the challenge of democracy », un article paru dans la *Boston Review* d'avril-mai 2003, « un problème conceptuel central est que la démocratie moderne a évolué pendant des siècles dans le contexte spécifique de l'Europe chrétienne d'après la Réforme orientée vers le marché. Y a-t-il un sens à chercher des points de contact dans un contexte aussi remarquablement différent ? Je pars de cette prémisse que la démocratie et l'islam sont définis en premier lieu par leurs valeurs morales et l'engagement de leurs adhérents – et non par la façon dont ces valeurs et ces engagements ont été mis en œuvre. Si l'on se concentre sur ces valeurs morales fondamentales, nous verrons, je crois, que la pensée politique de l'islam contient dans sa tradition des possibilités interprétatives et pratiques susceptibles d'être développées en un système démocratique. Certes, ces potentialités doctrinales peuvent ne jamais se réaliser : en l'absence d'une volonté, d'une vision inspirée et d'un engagement moral, il ne peut y avoir de démocratie dans l'islam. Mais les musulmans, pour qui l'islam est le cadre de référence, peuvent acquérir la conviction que la démocratie est un bien éthique et que la poursuite de ce bien n'exige pas l'abandon de l'islam. »

Le premier pas pour discerner les énergies prophétiques dans l'islam et forger une identité musulmane démocratique consiste à dresser une généalogie convaincante des subtils développements de la pensée islamique sur la loi (*Usu al fiqh* et *fiqh*), la théologie (*Kalam*), le mysticisme (*Tasawwuf*) et la philosophie (*falsafa*). C'est une énorme tâche. Cette généalogie révélerait la diversité des interprétations possibles de l'islam sur la question des pratiques démocratiques. Par exemple, ceux qui insistent sur la loi islamique ont souvent des vues très différentes de ceux qui mettent l'accent sur le mysticisme. La tendance dominante des mouvements actuels de revitalisation de l'islam est d'insister sur la loi islamique – l'islam comme *chari'a*. Cette insistance est déjà une réduction des complexités et des multiples possibilités de l'islam. C'est particulièrement vrai sur la question cruciale des femmes dans l'islam contemporain, le patriarcat faisant partie intégrante de la loi islamique.

Pourtant, il existe des formes d'islam pré- et post-légalistes qui contournent cette limite patriarcale de l'islam. C'est la conception légaliste de l'islam qui permet souvent le gouvernement antidémocratique des juristes islamiques. Si cette version de l'islam domine aujourd'hui dans le monde, elle n'épuise pas les formes de l'islam dans le passé, le présent ou l'avenir. L'islam clérical et l'islam juridique ont une histoire, et cette histoire refait surface à des moments spécifiques. L'islam clérical actuel est un effort autoritaire pour assurer une identité islamique et gouverner des États-nations modernes après l'effondrement du nationalisme laïque et la défaite des anciens impérialismes européens dans le monde musulman. Comme le judaïsme rabbinique ou le christianisme catholique, l'islam clérical n'est en aucun cas l'essence de l'islam ni sa forme unique. En outre, comme toutes les religions, l'islam a toujours intégré des sources non islamiques et non religieuses qui semblent souvent purement islamiques au croyant. Aucune religion moderne ne peut survivre sans aucun emprunt à la science, à la politique et à la culture modernes. Chaque religion moderne accepte la loi de la gravité de Newton, le rôle des bureaucraties établi par Weber, et les instruments de musique contemporains dans ses rituels. Toutes les religions sont polyvalentes – sujettes à des interprétations multiples selon des circonstances changeantes. L'islam doit être compris par les musulmans et les non-musulmans comme un répertoire fluide des façons d'être musulman, et non comme un énoncé dogmatique de règles gouvernant la vie de chacun. En fait, chaque ensemble dogmatique de règles imposé aujourd'hui par les religieux dominants s'est opposé autrefois à des règles dogmatiques plus anciennes.

Le nouveau dogme est simplement devenu si routinier et si ossifié qu'il dissimule son ancienne contingence et son humble commencement. Pourtant, même un traditionaliste dogmatique est issu d'une histoire dynamique et d'une tradition toujours changeante. Cette compréhension de la fluidité de l'islam est nécessaire pour qu'un islam démocratique puisse défier l'autorité de religieux musulmans et de juristes islamiques qui cherchent à faire passer pour naturels leurs édits et leurs décrets et à les graver dans le marbre. Ces religieux et ces juristes sont eux-mêmes des formes d'autorité issues d'anciennes disputes sur le rôle des religieux et les conditions d'accès à la fonction de juriste. L'objectif fondamental de l'islam clérical autoritaire aujourd'hui est de constituer une identité et une société stables et sûres contre les assauts de l'Occident moderne et les échecs internes des anciens régimes nationalistes et impériaux.

La clé pour une socratisation de l'islam est de comprendre précisément à quelles sortes d'autorités l'islam religieux actuel a été une réponse, et de montrer que les nouvelles réponses musulmanes démocratiques à l'islam clérical peuvent faire avancer plus efficacement les objectifs islamiques sur le plan spirituel et politique. L'islam clérical moderne a été une réponse aux autorités impériales européennes qui ont dégradé la religion musulmane, pillé ses ressources et jugé la façon d'être et de vivre des musulmans inférieure à celle de l'Occident moderne. La réponse laïque dominante à l'Europe impériale a été le nationalisme (qu'il soit arabe, asiatique ou africain) – lui-même une imitation des nationalismes insurgés contre les empires au sein même de l'Europe (l'Allemagne au XIXe siècle et l'Italie contre Napoléon). Ce nationalisme laïque a échoué dans le monde islamique. La Turquie, où le nationalisme laïque, qui est la religion des élites, est imposé par un pouvoir militaire autonome et répressif à une population musulmane, est un exemple de ce que le monde musulman cherche à éviter. (En 1979, l'islam clérical de l'ayatollah Khomeiny a renversé pour la même raison le nationalisme du shah soutenu par les États-Unis). La Turquie en effet, comme Israël, est un pays satellite de l'Empire américain disposé à faire le sale boulot impérial des États-Unis au Moyen-Orient ; en échange, l'Amérique fait semblant d'ignorer le traitement qu'elle impose aux Kurdes musulmans.

De nombreux musulmans voient le modèle turc comme une forme de nationalisme pro-américain et anti-islamique qu'il faut rejeter. Le nationalisme militariste de la Turquie réprime le nationalisme kurde dans un esprit de vengeance. Cette reprise des idéologies nationalistes européennes n'est pas de bon augure pour le monde islamique. La même dynamique fonctionne au Pakistan, en Indonésie, au Maroc et en Égypte, qui sont autant d'alliés de l'Amérique impériale. Ce n'est pas un hasard si celle-ci regarde ailleurs quand ces pays violent la loi internationale – la Turquie en s'emparant des deux cinquièmes de Chypre, l'Indonésie du Timor-Oriental, le Maroc du Sahara occidental, et Israël des terres des Palestiniens. Ces conquêtes coloniales ne suscitent pas un murmure de protestation de la part de l'Amérique impériale, aux Nations unies ou ailleurs. Ce n'est que lorsque les intérêts de l'Empire américain sont en jeu – lors de l'invasion du Koweït par Saddam Hussein ou quand Kim Jong. Il profère des menaces contre la Corée du Sud – que la rhétorique morale sur la liberté refait surface. Les religieux répressifs des États autocratiques islamiques en ont bien conscience. Mais si cet islam clérical attire de nombreux peuples musulmans en réaction à l'échec du nationalisme laïque, il se montre horriblement autocratique et étouffe toutes les énergies démocratiques dans la région.

Il s'agit donc aujourd'hui de saper l'autorité des religieux musulmans sur une base islamique et démocratique. La démocratie à l'occidentale n'a pas d'avenir dans le monde musulman. Le mal est fait, les blessures sont trop profondes, le sort en a été jeté par les élites impériales européenne et américaine. Il n'y a aucun moyen de revenir en arrière. L'Occident a eu sa chance et l'a gâchée. Pourtant, la démocratie peut avoir un brillant avenir dans le monde musulman si les notions démocratiques de droits et de libre expression, de communauté et de liberté, de rotation des élites et d'espaces civiques autonomes sont posées dans les termes et les traditions de l'islam. Les démocraties à l'occidentale, elles-mêmes assez délabrées, ne sont qu'un membre de la grande famille démocratique. Cependant, toutes les démocraties partagent certains traits communs, comme l'expression populaire, la rotation des élites, la libre expression de la religion, de la culture et de la politique, et l'existence d'espaces sans contrainte pour la vie civile. Mais nous pouvons fort bien encourager la socratisation de l'islam et la prophétisation de la population musulmane tout en démantelant l'empire chez nous.

Il existe actuellement trois tentatives pour démocratiser l'islam mises en œuvre par les musulmans eux-mêmes. La première consiste à montrer que les conceptions islamiques légalistes de la justice (*'adl*, ou justice procédurale, et *ma'ruf*, ou justice positive) sont compatibles avec une conception démocratique de la justice. C'est une tentative fascinante et pionnière de montrer que le Coran peut être interprété à l'appui de la démocratie. La relation entre justice et révélation est en effet très complexe. La justice découle-t-elle de la révélation divine, ou existe-t-elle en dehors de celle-ci ? La justice est-elle un idéal abstrait produisant des lois qui régulent une société (comme le soutiendrait le grand philosophe John Rawls), ou une vertu parmi d'autres qui doit s'équilibrer avec elles dans l'expérience vécue des peuples musulmans ? Et que se passe-t-il si ces autres vertus – par exemple la piété et la tempérance – minimisent, contredisent ou entravent la conception démocratique de la justice ? Le travail pionnier de Khaled Abou El-Fadl en Amérique illustre cette importante tendance de l'islam contemporain dans des ouvrages comme *La Place de la tolérance dans l'islam*. Son article dans la *Boston Review* constitue un bon début : « Une argumentation en faveur de la démocratie présentée de l'intérieur de l'islam doit accepter l'idée de la souveraineté divine : elle ne peut substituer la souveraineté populaire à celle de Dieu, mais doit montrer au contraire comment la souveraineté populaire – armée de l'idée que les citoyens ont le droit et le devoir de rechercher la justice avec clémence – exprime l'autorité divine bien comprise. De même, elle ne peut rejeter l'idée que la loi divine prime sur l'action humaine, mais elle doit montrer comment la promulgation de lois démocratiques respecte cette priorité. »

La seconde tentative consiste à se débarrasser de tous les appels à la loi islamique pour un islam sans *chari'a*. Ce sont les femmes musulmanes qui s'attachent le plus souvent à cette entreprise, afin de saper le caractère profondément partriarcal de la loi islamique. De ce point de vue, l'islam est davantage un mode de vie ouvert qu'un ensemble de règles à respecter. Cette perspective ancienne, bien antérieure à la montée de l'islam clérical, permet un lien plus fluide avec les sensibilités démocratiques et se raproche des pratiques tolérantes du premier État islamique établi en 622 par le prophète Mahomet dans sa convention de Médine, qui insistait sur le respect mutuel et la civilité entre Juifs et musulmans. Il édicta une règle constitutionnelle basée sur un accord de principe entre les Muhajirun (immigrants musulmans venus de La Mecque), les Ansar (les musulmans autochtones de Médine) et les Yahud (les Juifs). Dans cette fédération, les diverses communautés étaient égales en droits et en devoirs – de sorte que le premier État islamique apparaît en fort contraste avec les pratiques antisémites de la plupart des États islamiques autocratiques d'aujourd'hui.

On trouve la trace de la troisième tentative dans les écrits révolutionnaires de Mahmoud Mohamed Taha, qui fut assassiné par le régime de Nimayri au Soudan pour ses œuvres visionnaires et courageuses. Dans son manifeste, *The Second Message of Islam*, Taha conçoit l'islam comme un mode de vie holistique où la liberté se gagne en surmontant la peur afin de mener une vie aimante et sage. Avec son disciple Abdullahi Ahmed An-Na'im, il rejette la *chari'a* et la remplace par la révélation de La Mecque. La conception de Taha de la bonne société s'appuie sur l'égalité économique (partage égalitaire des richesses), l'égalité politique (partage égalitaire des décisions) et l'égalité sociale (pas de discrimination basée sur la couleur, la religion, la race ou le sexe, pour offrir des chances égales de raffinement culturel). À l'instar du prophète Mahomet, Taha aime la différence et promeut la diversité pour créer une société plus juste et plus égale. Le superbe texte d'Anouar Majid, *Unveiling Traditions. Postcolonial Islam in a Polycentric World*, est devenu un classique. Il y écrit : « Mon étude de la théorie postcoloniale et de l'identité arabe déployées par les nationalistes pour contrer la puissance de l'impérialisme [...] permet d'expliquer en partie pourquoi un islam défini par le progressisme et démocratiquement accessible à tous peut être une option souhaitable pour les peuples musulmans. [...] Les cultures islamiques, comme beaucoup de traditions culturelles dans le monde, pourraient contribuer à "marginaliser" l'Occident et offrir de nouvelles façons d'être au monde. [...] Plus généralement, ce livre est un défi aux institutions laïques de considérer les expressions du monde non laïque comme des alternatives également valides et dignes de considération, et aux intellectuels musulmans de repenser leur attachement à des textes canoniques qui ont obscurci l'héritage égalitaire et viable de l'islam. »

Pour l'instant, il ne s'agit que de voix dispersées criant dans le désert. Mais elles ont le délicieux avant-goût d'une vague nouvelle de questionnement socratique, de témoignage prophétique et d'espoir tragicomique qui monte au sein du monde musulman. Ces voix prophétiques constituent un levain dans le monde islamique – et beaucoup de choses dépendent de la capacité des forces sociales du monde islamique à mettre en œuvre leurs visions démocratiques. Allons plus loin encore : on entend désormais des appels à reconfigurer les structures institutionnelles, rejeter les États-nations coloniaux et établir des systèmes d'éducation plus cosmopolites qui insistent sur les liens entre les traditions judéo-chrétienne, judéo-islamique, chrétienne-islamique et laïque. L'avenir des questions de démocratie dans le monde dépend en partie de ces héroïques efforts d'inventivité – et pas seulement dans les régions de l'islam. Démanteler l'empire est une affaire à multiples facettes, et nos vaillantes tentatives à cet égard exigent toute la vision et tout le courage que nous sommes capables de rassembler partout dans le monde.

Il reste que la colossale présence de l'Empire américain dans le monde juif et musulman – et surtout sa dépendance au pétrole – complique la donne. L'empire tolère en silence les États autocratiques islamiques et donne ouvertement le feu vert à la politique de colonisation d'Israël. Et même s'il se lance en Irak dans une démocratisation sous surveillance impériale, son poids se fait sentir sur ceux qui se réjouissent de la chute du dictateur Saddam Hussein tout en restant méfiants vis-à-vis des stratégies et des objectifs américains. Les horribles effets de cette mainmise ont été décrits avec éloquence par le religieux modéré irakien Ghazi Ajil-al-Yawar, cité dans un article du *New York Times Magazine* : « Les États-Unis recourent sans cesse aux abus de pouvoir. Ils raflent les gens d'une façon très humiliante, en leur mettant des sacs sur le visage devant leur famille. Dans notre société, c'est l'équivalent d'un viol. Les Américains pratiquent le châtiment collectif en mettant les parents en prison. Quelle différence avec Saddam ? » Les révélations récentes sur les atrocités commises par les soldats américains dans les prisons irakiennes (surtout celle d'Abou Ghraib) confirment cette description.

Il va sans dire que la chute de tout voyou nihiliste gouvernant d'une main de fer est salutaire et permet le surgissement de nouvelles possibilités démocratiques. Mais il nous faut une compréhension subtile du passé impérial de la région, un abord complexe des quêtes juive et musulmane d'identité, et un attachement authentique à la démocratie si nous voulons une justice positive et la paix pour les musulmans et les Juifs.

L'ultime ironie est que les graines les plus fertiles de démocratie dans le monde islamique se trouvent peut-être dans la vie civile des Palestiniens et des Kurdes – les peuples les plus asservis de la région, contraints de survivre et de lutter sans État-nation. Sous le gouvernement autocrate palestinien se dissimule un réseau vital de normes et d'aspirations susceptibles de donner naissance à des pratiques démocratiques après la fin de l'occupation israélienne. Les Palestiniens ordinaires pourraient fort bien être les musulmans les plus enclins à la démocratie dans le monde. Ils ont été habitués par les élites arabes à descendre Israël en flammes et à entrer en concurrence avec lui pour l'aide et l'attention impériales américaines. Ces mêmes Palestiniens peuvent être des pionniers de la démocratie inspirant la démocratisation des peuples musulmans de la région.

De même, les Kurdes du nord de l'Irak et de Turquie ont maintenu des pratiques démocratiques face à une atroce répression. À ce jour, ils se sont révélés les musulmans les plus démocrates du monde. L'Empire américain a fermé les yeux devant la répression des Kurdes par son allié turc et ne les a ouverts que récemment sur les anciennes pratiques démocratiques du nord de l'Irak. Y a-t-il des leçons à apprendre ici ? Les aspirations anti-impériales des Palestiniens et des Kurdes peuvent-elles contourner les formes autocratiques de nationalisme laïque et de revitalisation de l'islam ? Peuvent-elles ainsi libérer les énergies démocratiques si la présence impériale des États-Unis s'allège, si l'occupation par Israël prend fin, et si les Kurdes obtiennent enfin le droit à l'autodétermination ? Et les Palestiniens et les Kurdes pionniers ne seraient-ils pas inspirés par les remarquables réussites démocratiques d'Israël lui-même si l'État juif émergeait de l'ombre de l'impérialisme américain et prenait sa place d'avant-garde parmi les expériences nationales démocratiques dans la région ?

CHAPITRE IV

La crise de l'identité chrétienne en Amérique

« Nos solutions et nos décisions sont relatives, parce qu'elles tiennent à la mesure fragmentaire et frêle de notre foi. Il ne s'est pas trouvé et il ne se trouvera pas dans l'histoire – jusqu'au retour du Christ – un chrétien dont la foi gouverne à ce point sa vie qu'il consacre toutes ses pensées à sa sujétion et que chaque instant et chaque lieu soient situés pour lui dans le royaume de Dieu. Chacun a rencontré la montagne qu'il ne pouvait déplacer, le démon qu'il ne pouvait exorciser. [...] Toute notre foi est fragmentaire, même si nous n'avons pas tous les mêmes fragments de foi. »

H. Richard NIEBUHR,
Christ and Culture (1951)

« Je dois être responsable de ma façon – pesez bien ce mot –, ma façon de réagir aux forces qui s'exercent sur ma vie, qui n'obéissent pas à ma volonté, à mon désir, à mon ambition, à mon rêve, à mon espérance – ces forces qui ignorent que j'existe. Mais je sais, moi, que j'existe. Et je décide si je vais dire oui ou non et m'y tenir. Voilà l'homme libre, annoncé dans le génie du dogme de la liberté comme une manifestation de l'âme de l'Amérique, né dans ce qui m'apparaît comme l'une des plus grandes expériences en matière de relations humaines. »

Howard THURMAN,
America in search of a Soul (1976)

Il est plus facile de parler des menaces que fait peser la religion sur les pratiques démocratiques à l'étranger que chez soi. Si les intégrismes démagogiques et antidémocratiques ont acquis trop d'importance en Israël et dans le monde musulman, le courant fondamentaliste du christianisme a gagné bien trop de pouvoir dans notre système politique et dans le cœur et l'esprit de nos concitoyens. Ce fondamentalisme chrétien exerce une influence excessive sur notre politique gouvernementale, tant dans la crise du Moyen-Orient que dans la sphère nationale. Il viole les principes fondamentaux inscrits dans la Constitution tout en offrant un soutien et une « couverture » aux objectifs impérialistes de l'empire. Les trois dogmes dominants dans la dévoration impériale de la démocratie en Amérique – fondamentalisme de l'économie de marché, militarisme agressif et montée de l'autoritarisme – sont souvent justifiés par sa rhétorique religieuse. Le plus ironique (et le plus triste), c'est peut-être que ce fondamentalisme chrétien subvertit les enseignements les plus profonds et les plus fondamentaux du christianisme, qui nous enjoignent de vivre dans l'humilité, d'aimer nos voisins et de ne pas faire aux autres ce que nous ne voudrions pas que l'on nous fasse. Donc, même si nous considérons d'un œil critique les intégrismes à l'œuvre au Moyen-Orient, les authentiques démocrates et chrétiens démocrates parmi nous doivent s'unir pour s'opposer ici même au fondamentalisme hypocrite et antidémocratique. Le combat pour l'âme de la démocratie américaine est dans une large mesure un combat pour l'âme du christianisme américain, puisque les formes dominantes de fondamentalisme chrétien menacent la tolérance et l'ouverture indispensables à toute démocratie. Pourtant, le meilleur du christianisme américain a fortement contribué à préserver et à étendre la démocratie américaine. La distinction fondamentale entre christianisme constantinien et christianisme prophétique est donc cruciale pour l'avenir de notre démocratie.

Des enquêtes ont montré que 80 % des Américains se qualifient de chrétiens, que 72 % attendent la seconde venue du Christ et que 40 % déclarent s'adresser intimement à Dieu au moins deux fois par semaine. L'Amérique est indiscutablement un pays très religieux ; la religion dominante en est de loin le christianisme, et une part importante de ce christianisme est une forme de christianisme constantinien.

Ce combat entre chrétiens prophétiques et constantiniens remonte aux premiers siècles du mouvement chrétien qui a émergé du judaïsme. L'intégration du christianisme au sein de l'empire par l'empereur romain Constantin lui a donné une légitimité et une respectabilité, mais l'a dépouillé de la ferveur prophétique de Jésus et du feu apocalyptique de cet autre Juif converti qu'était Paul. Jusqu'à la conversion de Constantin au christianisme en l'an 312 et la décriminalisation de celui-ci par l'édit de Milan en 313, et avant que son successeur Théodose Ier en fasse la religion officielle de l'empire, le mouvement chrétien était persécuté par les Romains, surtout parce que la croissante popularité du message chrétien d'humilité et d'égalité entre les hommes était perçue comme une menace pour le gouvernement impérial.

Si Jésus fut mis à mort avec une telle brutalité par l'Empire romain – la crucifixion étant le châtiment le plus horrible pour les contrevenants à sa loi –, c'est bien parce que son prêche sur l'imminence du royaume de Dieu était perçu comme une dangereuse subversion de l'autoritarisme et du militarisme de l'État. Jésus prônait pourtant une séparation radicale entre son témoignage prophétique et l'autorité impériale en exigeant de « rendre à César ce qui est à César ». Mais l'impérialisme nihiliste des Romains était si avide de pouvoir qu'il ne pouvait tolérer la popularité croissante des sectes chrétiennes. Quand il devint impossible d'arrêter la croissance de la religion, l'Empire romain la récupéra. La conversion de Constantin marqua l'institutionnalisation d'une terrible collusion entre l'Église et l'État dont la religion et ses victimes, notamment les juifs, n'ont cessé de souffrir depuis. Le christianisme constantinien a toujours été en lutte avec l'héritage prophétique de Jésus-Christ. Constantin lui-même semble s'être converti au christianisme en partie par stratégie politique et par exigence impériale, avant de l'utiliser pour ses propres objectifs de maintien du pouvoir.

À mesure que l'Église chrétienne se laissait corrompre par le pouvoir d'État, la rhétorique religieuse servait de plus en plus souvent à justifier des objectifs impériaux et à dissimuler l'héritage prophétique du christianisme. Aussitôt après sa conversion, Constantin entreprit d'anéantir les sectes chrétiennes – notamment les gnostiques –, qui contestaient les livres de l'Ancien Testament, et de consolider son pouvoir en créant une version impériale du christianisme. La corruption d'une foi basée sur la tolérance et la compassion par le bras puissant de l'autoritarisme impérial a investi le christianisme d'une schizophrénie insidieuse contre laquelle il n'a cessé de lutter depuis. Ce terrible mélange d'Église et d'État a sous-tendu les pires violations accomplies par une Église prêchant l'amour et la justice, des croisades barbares contre les juifs et les musulmans aux horreurs de l'Inquisition, en passant par la bigoterie doctrinaire contre les femmes, les peuples de couleur, les homosexuels et les lesbiennes.

Cette schizophrénie religieuse a été un caractère constant du christianisme américain. Les puritains, la première branche américaine du mouvement chrétien, étaient des victimes persécutées de l'Empire britannique en quête de liberté et de sécurité. D'une part, ils ont jeté les bases du noble combat anti-impérialiste de l'Amérique contre l'Empire britannique. D'autre part, ils ont œuvré à l'assujettissement impérialiste des Amérindiens. Leur sensibilité démocratique était inséparable de sentiments autoritaires. L'expérience démocratique américaine aurait été inconcevable sans la ferveur des chrétiens ; pourtant, des courants de constantinianisme étaient tissés dans l'étoffe même de l'identité chrétienne américaine dès le départ. Les courants constantiniens ont été systématiquement du mauvais côté dans les luttes sociales, avec leur justification dogmatique de l'esclavage et leur défense provinciale de l'inégalité des femmes. En revanche, la tradition prophétique chrétienne a souvent œuvré en faveur de la justice sociale.

Quand les chrétiens conservateurs réclament aujourd'hui des écoles religieuses financées par l'État, quand ils soutiennent tacitement ou ouvertement les croisés anti-avortement ou les croisés de l'homophobie qui prêchent la haine (certains ont même tué au nom de leurs convictions), ils sont des chrétiens constantiniens. Ils n'ont même pas conscience de violer l'amour et la justice chrétiens, parce que le christianisme constantinien en Amérique insiste sur la conversion personnelle, sur la piété individuelle et sur la philanthropie, en ayant perdu ces deux concepts fondamentaux de la foi que sont la défiance envers l'autorité et le souci de justice pour les plus vulnérables d'entre nous.

La plupart des chrétiens constantiniens américains n'ont pas conscience de leur identité impérialiste, parce qu'ils ne voient pas le parallèle entre l'Empire romain qui a mis Jésus à mort et l'Empire américain qu'ils célèbrent. Tant qu'ils peuvent pratiquer librement leur culte et poursuivre le rêve américain, ils voient les États-Unis comme une force pour le bien, et l'impérialisme américain comme une force désirable pour répandre ce bien. Ils professent fièrement leur allégeance au drapeau et à la croix, sans comprendre que la croix est autant une critique de l'Empire américain qu'elle était une accusation sanglante contre l'Empire romain, et sans reconnaître que la relation intime entre leurs propres leaders et les gouvernants impériaux reflète celle qui unissait les religieux et les gouvernants romains qui ont crucifié leur Sauveur.

Je ne doute pas que la plupart de ces chrétiens américains constantiniens soient sincères dans leur foi et pieux dans leurs actions. Mais ils n'ont guère conscience du rôle crucial qu'ils jouent dans le soutien aux objectifs impériaux de l'Amérique. Leur compréhension de l'histoire américaine est plutôt mince et leurs aperçus sur l'histoire du christianisme fragmentaires, ce qui les rend vulnérables à la manipulation des leaders chrétiens et à la désinformation des élus impériaux. Le soutien des chrétiens constantiniens au désinvestissement massif des centres urbains et aux coupes dans les budgets de l'éducation et de la santé, ainsi que leur défense emphatique de la politique dure du gouvernement israélien, doit beaucoup à la confortable alliance entre leaders chrétiens constantiniens et élites politiques liées à des intérêts économico-financiers favorisant la corruption. En bref, ils vendent leur précieuse âme contre un plat de lentilles impérial en se croyant fidèles au drapeau et à la croix. L'idée même que l'héritage prophétique de Jésus-Christ, la grande victime de l'Empire romain, exige une critique et une résistance au pouvoir impérial de l'Amérique ne semble pas les effleurer.

Les chrétiens constantiniens doivent s'interroger : cette vaste concentration de pouvoir et de puissance ne suscite-t-elle pas de l'arrogance ? Les prophètes de l'Ancien Testament et les enseignements de Jésus ne suggèrent-ils pas, pour le moins, une certaine défiance vis-à-vis d'une richesse et d'une puissance qui ne doivent de comptes à personne ? Les empires ne favorisent-ils pas une idolâtrie déchaînée ? Les chrétiens, y compris les constantiniens, sont horrifiés par l'épidémie du sida en Afrique (trente millions de morts à ce jour) et dans le monde (quarante millions). Pourquoi la réponse de l'Empire américain à cette crise a-t-elle été si abominable ? Les intérêts des compagnies pharmaceutiques et leur influence sur le gouvernement américain n'entravent-ils pas notre capacité à découvrir ou à rendre disponibles des médicaments bon marché pour nos frères humains souffrants ? N'est-il pas évident que la réaction des États-Unis serait bien différente si les victimes du sida étaient des hétérosexuels blancs de la classe moyenne supérieure européens ou américains ? Les chrétiens doivent-ils réagir uniquement par des actes de charité privée à ce désastre ? La réaction à la crise du sida n'est qu'un exemple de la dureté morale des gouvernants impériaux qui devrait bouleverser tous les chrétiens. Les juifs assujettis et les chrétiens persécutés de l'Empire romain n'ont-ils pas été traités autrefois de la même façon inhumaine et inacceptable ?

Il reste qu'en critiquant le courant constantinien du christianisme américain, nous devons garder à l'esprit le rôle crucial du christianisme prophétique pour le bien démocratique dans notre histoire. Les valeurs chrétiennes ont nourri au départ l'énergie démocratique qui a inspiré les premiers colons religieux pour fonder des projets démocratiques naissants, et plus tard l'indignation devant les abus de l'Empire britannique qui a suscité la révolution américaine. Les Pères fondateurs ont d'ailleurs veillé à garantir la liberté religieuse dans la Constitution, profondément convaincus que la religion joue un rôle indispensable dans la vie civile. Les mouvements sociaux pour la justice les plus influents en Amérique ont été menés par des chrétiens prophétiques : l'abolitionnisme, le vote des femmes, les mouvements syndicaux au XIXe siècle et le mouvement des droits civiques au XXe siècle. Si le christianisme constantinien, qui a gagné une telle influence aujourd'hui, sape les principes fondamentaux de notre démocratie sur le rôle de la religion dans la vie publique d'une démocratie, les courants prophétiques du christianisme américain, qui n'ont cessé de lutter contre l'impérialisme et l'injustice sociale, représentent l'idéal démocratique de la religion dans la vie publique. Ce christianisme prophétique ajoute à notre démocratie une ferveur morale qui nous est indispensable, et nous invite à une étreinte pleine d'empathie avec ceux qui sont hors de la foi chrétienne. Ce christianisme prophétique est une force œcuménique pour le bien, et si nous devons revitaliser les énergies démocratiques de ce pays, il nous faut réaffirmer la légitimité vitale de ce christianisme prophétique dans notre vie publique, avec les principes de service public, de souci des pauvres et de séparation de l'Église et de l'État qu'il soutient. Nous devons en outre nous opposer aux intrusions du christianisme fondamentaliste qui a violé de façon si flagrante ces mêmes principes démocratiques.

Les chrétiens américains connaissent mal la riche tradition prophétique du christianisme dans leur propre pays. Ils ne connaissent pas le théologien Walter Rauschenbusch qui, à travers des œuvres comme *Christianity and the Social Crisis* (1907), a été la voix du mouvement de l'Évangile social au début du siècle dernier. Alors que les moteurs industriels de l'Empire américain vrombissaient de plus en plus fort, menant aux excès de l'âge d'or, ce mouvement théologique a perçu que le capitalisme industriel et l'urbanisation qu'il entraînait suscitaient un abus des travailleurs de la part de patrons libres de toute contrainte morale ou juridique. Comme l'écrit éloquemment Rauschenbusch, « dans le passé, nous nous sommes surtout appuyés sur la sympathie et la compréhension individuelles pour surmonter les différences entre les classes sociales. Les sentiments et les principes implantés par le christianisme ont été une aide puissante en ce sens. Mais si cette sympathie diminue avec l'élargissement du gouffre social, quel espoir nous reste-t-il ? ». Pour Rauschenbusch, l'industrialisation américaine a corrompu notre société par l'avidité capitaliste, et les chrétiens ont le devoir de combattre les injustices qui en découlent.

La plupart des chrétiens américains ont oublié ou n'ont jamais eu connaissance du travail pionnier de Dorothy Day et du Catholic Worker Movement qu'elle fonda en 1933, pendant la Grande Dépression, pour accueillir les sans-abri et les pauvres. Dorothy Day installa une House of Hospitality dans les taudis de New York et créa le journal *Catholic Worker*, parce qu'elle estimait qu'« en luttant pour de meilleures conditions, en réclamant sans cesse les droits des travailleurs, des pauvres, des sans-ressources – les droits des pauvres méritants et non méritants [...] nous pouvons dans une certaine mesure changer le monde ; nous pouvons œuvrer pour l'oasis, la petite cellule de joie et de paix dans un monde ravagé ».

Certains de ces chrétiens prophétiques ont été étiquetés radicaux et poursuivis par la justice. Au cours du grand traumatisme national qu'a été la guerre du Vietnam, les frères Philip et Daniel Berrigan, deux prêtres jésuites, menèrent des activités pacifistes et fondèrent le groupe Clergy and Laicity Concerned. Ils organisèrent des *sit-in* contre la guerre et prirent la tête de nombreuses manifestations ; ils cambriolèrent deux fois les bureaux militaires pour en sortir les livrets d'incorporation, les arroser de napalm et les incendier. « Brûlez du papier, pas des enfants » ; « Quand direz-vous non à cette guerre ? » écrivait Daniel. Bien que les deux frères soient allés en prison pour ces cambriolages, ils poursuivirent leurs appels à la désobéissance civile contre les opérations militaires et la course aux armements nucléaires.

Après une vie d'activisme chrétien, le révérend William Sloan Coffin devrait être mieux connu des Américains d'aujourd'hui. Aumonier de l'université de Yale pendant la guerre du Vietnam, il s'éleva très tôt contre l'injustice de celle-ci et devint président de SANE/FREEZE, la plus grande organisation de paix et de justice aux États-Unis. Prêtre de la Riverside Church de Manhattan et auteur notamment de *The Courage of Love* et de *A Passion for the Possible*, il déclara un jour dans un entretien : « Je me demande si nous, les Américains, n'avons pas aussi quelque chose à offrir, pour ainsi dire, aux cimetières du monde, qui ferait du monde un endroit plus sûr. Je crois que nous avons quelque chose en nous. C'est une attitude plus qu'une idée. Cela vit moins dans l'âme américaine que sous la peau des Américains. C'est la notion que nous sommes non seulement la nation la plus puissante du monde (ce que nous sommes incontestablement), mais aussi la plus vertueuse. Je crois que cet orgueil est notre fléau, et qu'il est si profondément ancré en nous qu'il faudra l'épée de la vérité du Christ pour l'extirper. » Il déclarait aussi, avec une grande prescience : « Aucune nation, la nôtre pas plus que les autres, ne se trouve bien servie par des illusions de vertu. Toutes les nations prennent des décisions pour servir leurs intérêts propres, avant de les défendre au nom de la morale. »

Martin Luther King est souvent perçu comme une icône isolée sur un piédestal moral, plutôt que comme une vague dans un vaste océan de chrétiens noirs prophétiques constituant la longue tradition qui lui a donné naissance. Il y a David Walker, ce Noir né libre en lutte contre l'esclavage, qui publia en 1829 son fameux *Appel pour la justice* dans lequel, en chrétien fervent, il écrivait : « J'invite les chrétiens professants, les philanthropes, le tyran lui-même, à me montrer une page d'histoire, sacrée ou profane, où l'on puisse trouver un vers qui soutienne que les Égyptiens ont accablé les enfants d'Israël de *l'insupportable insulte* consistant à leur dire qu'ils n'appartenaient pas à la *famille humaine*. Les Blancs peuvent-ils nier cette accusation ? Ne nous ont-ils pas, après nous avoir réduits à la déplorable condition d'esclaves sous leurs pieds, tenus pour des descendants de tribus de singes ou d'orangs-outangs ? Ô Dieu ! J'en appelle à tout homme doué de sensibilité : n'est-ce pas intolérable ? N'est-ce pas ajouter la plus grossière insulte à nos misères, parce qu'ils nous ont foulés aux pieds et que nous ne pouvons nous aider nous-mêmes ? Oh, prends pitié de nous, Seigneur Jésus. »

Citons encore Ida B. Wells-Barnett, cette activiste anti-lynchage profondément religieuse qui révéla de brutales vérités sur cette forme typiquement américaine de terrorisme dans un pamphlet intitulé *A Red Record*, et finit par fonder le mouvement du Women's Club, la première organisation civique militante pour les femmes afro-américaines. Davantage d'Américains devraient se souvenir de Benjamin E. Mays. Ordonné pasteur baptiste, il fut doyen de l'école de théologie de l'université de Howard et président de Morehouse College pendant vingt-cinq ans, où il inspira Martin Luther King. Mays a contribué à lancer le mouvement des droits civiques en participant à des *sit-in* dans des restaurants d'Atlanta et en luttant contre la ségrégation dans les écoles. Nous avons le théologien Howard Thurman, lui aussi pasteur baptiste, doyen de la Rankin Chapel de Howard et pasteur de la première congrégation interraciale à San Francisco, qui alla en Inde rencontrer le Mahatma Gandhi, et dont le livre, *Jesus and the Disinherited*, fournit les fondements philosophiques du mouvement non violent pour les droits civiques.

La juste ferveur de cette tradition chrétienne prophétique des Noirs est riche d'ironies. Quand les esclaves africains s'approprièrent le mouvement chrétien dans des conditions où il était illégal de lire, d'écrire ou de prier librement, la schizophrénie du christianisme américain s'intensifia. Certains chrétiens blancs prophétiques devinrent les fondateurs du mouvement abolitionniste aux côtés d'anciens esclaves, tandis que d'autres chrétiens blancs recouraient à une justification constantinienne de la perpétuation de l'esclavage. La position sur l'esclavage est devenu un test décisif pour mesurer le christianisme prophétique et constantinien en Amérique. Le triste résultat de cette flagrante hypocrisie au sein du christianisme et de la démocratie américains, c'est que la plupart des chrétiens blancs – ainsi que leurs Églises – ont été des échecs colossaux à partir de critères prophétiques.

La grande majorité des chrétiens américains blancs a soutenu le fléau de l'esclavage – et trop souvent au nom de Jésus. Quand Abraham Lincoln déclarait dans son second discours d'investiture que les deux côtés de la guerre civile priaient le même Dieu (« aucun des deux partis ne s'attendait à la guerre, à l'ampleur et à la durée qu'elle a déjà atteintes. [...] Ils lisent la même Bible et prient le même Dieu ; et chacun invoque son aide contre l'autre »), il exprimait l'horrible ironie que constitue cette schizophrénie religieuse pour la nation tout entière.

Les chrétiens noirs prophétiques, de Frederick Douglass à Martin Luther King, nous ont rappelé avec éloquence la rupture radicale entre christianisme prophétique et constantinien ; et King, en réveillant la conviction et la rhétorique prophétiques chrétiennes, nourrit le mouvement démocratique qui affronta enfin l'insidieuse et intransigeante barrière de la couleur. De fait, une grande part du christianisme prophétique en Amérique vient de la tradition prophétique des Églises noires. Le questionnement socratique du dogme de la suprématie blanche, le témoignage prophétique d'amour et de justice et l'espoir durement préservé qui soutiennent l'engagement à long terme dans le combat pour la liberté, sont le riche héritage de l'Église noire prophétique. Mais le christianisme constantinien est si vigoureux qu'il trouve des routes même au sein de ce fervent christianisme prophétique des Noirs. La triste vérité est que l'Église noire perd sa ferveur prophétique à l'âge de l'Empire américain. Le pouvoir de la coalition chrétienne constantinienne ne doit pas être sous-estimé.

Nous ne devons pas non plus négliger les avantages et la respectabilité de l'Empire américain qui tentent les chrétiens de toutes couleurs. Ils sont trop nombreux à être séduits par l'intégrisme du marché qui fait de l'argent une idole et de la richesse un fétiche. Et quand le modèle du christianisme prophétique – la tradition des Églises noires – succombe à son tour à cette tentation, l'avenir même de la démocratie américaine est en péril. La crise de l'identité chrétienne en Amérique est une question centrale pour la démocratie.

La séparation de l'Église et de l'État est le pilier de tout régime démocratique authentique. Les citoyens non chrétiens doivent avoir les mêmes droits et les mêmes libertés devant la loi que les chrétiens. Mais la religion jouera toujours un rôle clé dans le modelage de la culture et de la politique dans la démocratie. Tous les citoyens doivent être libres de parler de leur propre tradition dans la tolérance et le respect de celles des autres. Et dans une société où nous, les chrétiens, sommes la grande majorité, nous ne devons jamais encourager au nom de Jésus une tyrannie de cette majorité sur une minorité. Ironiquement, Jésus a été persécuté par une majorité tyrannique (les Romains alliés aux élites juives assujetties par l'empire) parce qu'il était une menace prophétique contre le *statu quo*. Nos gouvernants impériaux nihilistes et leurs suiveurs constantiniens ne nous mènent-ils pas sur une voie semblable – la suffocation des voix et des points de vue prophétiques qui défient leur propre *statu quo* ?

La puissance politique et la ferveur rhétorique des constantiniens sont désormais telles qu'on ne peut espérer remporter le combat contre eux sans une remobilisation du mouvement prophétique chrétien : une lutte purement laïque n'y suffirait pas. Comme l'a soutenu mon collègue de Princeton

Jeffrey Stout dans un livre magistral intitulé *Democracy and Tradition*, pour assurer l'héritage de King et revigorer la tradition, il nous faut contester non seulement les présupposés dogmatiques des constantiniens, mais aussi ceux de nombreux libéraux laïques résolus à bannir totalement le discours religieux de la sphère publique, qui demandent aux chrétiens prophétiques désillusionnés de ne pas laisser leurs voix et leurs points de vue se répandre dans celle-ci. Le libéralisme du philosophe John Rawls et le laïcisme du philosophe Richard Rorty – deux influences majeures dans nos tribunaux et nos facultés de droit – redoutent tant la pollution chrétienne qu'ils réclament un discours strictement laïque sur les questions de démocratie. Ce sécularisme radical oppose un mur à tout langage religieux dans la sphère publique, pour n'autoriser que des débats strictement laïques. À leurs yeux, le conflit religieux mène au chaos social et à l'autoritarisme.

Pour John Rawls, le discours religieux dans le discours public est diviseur et dangereux. Il s'appuie sur des confessions de foi religieuse qui ne peuvent jamais se régler par des appels à la raison, nourrit des désaccords qui ne peuvent jamais être surmontés par la persuasion rationnelle. Rawls réclame donc un dialogue sur les questions fondamentales limité aux idéaux constitutionnels et civiques qui sont communs aux Américains religieux et laïques et nous unissent dans notre loyauté aux pratiques démocratiques américaines. Cette proposition ne manque pas de sagesse, mais elle ignore délibérément la possibilité que notre loyauté aux idéaux civiques et constitutionnels ait des motivations religieuses. Pour les chrétiens prophétiques comme Martin Luther King, l'aspiration à un idéal démocratique se fonde sur leurs convictions chrétiennes. Devait-il, devons-nous rester silencieux sur ces convictions quand nous soutenons nos points de vue politiques ? L'intégrité personnelle n'exige-t-elle pas que nous mettions cartes sur table quand nous réclamons une Amérique libre et démocratique ? La peur de la religion de Rawls – appuyée sur le fait qu'elle a longtemps été une force de division des citoyens – nous demande l'impossible, mais nous ne pouvons ignorer sa préoccupation.

Pour Richard Rorty, les appels religieux sont des entraves à la discussion. Ils font taire le dialogue critique et forclosent le débat politique. Rorty veut donc se débarrasser de toute référence à Dieu dans la vie publique, d'autant que ces références nourrissent le plus souvent la droite religieuse. C'est un laïque de plein droit qui ne voit guère de bien public ou d'intérêt public dans le rôle que joue la religion dans le discours civique. Comme Rawls, il soutient les droits et les libertés des citoyens religieux, mais tient à limiter leur expression publique à des termes laïques tels que « démocratie », « égalité » et « liberté ». Sa vision laïque est soutenue par une crainte profonde du dogmatisme et de l'autoritarisme de la droite religieuse. Son point de vue est une grande source d'enseignements, et il est souvent justifié. Mais son contrôle laïque de la vie publique est trop rigide et sa foi laïque est trop pure. Ne devons-nous pas nous inquiéter aussi des formes de dogmatisme et d'autoritarisme en habits laïques qui empêchent tout dialogue et forclosent le débat ? Les pratiques démocratiques comme le dialogue et le débat sont toujours confuses et impures. Et le contrôle laïque peut se montrer aussi arrogant et coercitif que le contrôle religieux.

Des penseurs religieux de premier plan ont aussi soutenu avec passion la séparation de la religion et du discours public en Amérique. Le théologien Stanley Hauerwas avec son ecclésiastisme prophétique, et John Milbank avec son orthodoxie radicale, deux influences majeures dans les séminaires et les facultés de théologie, redoutent tant la souillure de l'Empire américain qu'ils recommandent une fuite religieuse hors de la sphère publique. Pour Hauerwas, les chrétiens devraient être des « résidents étrangers » dans un Empire américain corrompu, dont le discours laïque dissimule mal le robuste nihilisme. Il vise ainsi à préserver l'intégrité de l'Église prophétique en exposant l'idolâtrie du christianisme constantinien et en portant témoignage de l'Évangile d'amour et de paix. Son profond attachement à une Église prophétique de compassion et de pacifisme dans un monde de cruauté et de violence le pousse à rejeter le contrôle laïque de Rawls et de Rorty, et à souligner la captivité des chrétiens constantiniens vis-à-vis de l'Amérique impériale. Mais il ne voit de solution que dans un refuge ecclésiastique prophétique qui préfigure la venue du royaume du Christ. Sa sensibilité prophétique me touche, et je suis d'accord avec sa critique du christianisme constantinien et de l'Amérique impériale. Mais il écarte de façon excessive l'attachement des chrétiens prophétiques à la justice et notre rôle de citoyens pour rendre l'Amérique plus libre et plus démocratique. Pour lui, la quête de la justice sociale a l'effet délétère d'attirer les chrétiens vers les idoles du discours laïque en les dépouillant de leur identité chrétienne distincte. Ma défense de l'héritage de King exige que nous posions la justice comme un idéal chrétien et devenions des citoyens encore plus actifs pour transformer l'Amérique sans succomber aux idoles laïques ou aux fétiches impériaux. Être un chrétien prophétique ne signifie pas être contre le monde au nom de la pureté chrétienne ; c'est être dans le monde sans être dans le nihilisme du monde, au nom d'un Christ aimant qui proclame la justice terrestre d'un royaume à venir.

L'impératif radical de Hauerwas de déni du monde nourrit l'orthodoxie populaire de Milbanks, qui oppose les plaies de la marchandise et du sécularisme au socialisme chrétien. Son attaque sophistiquée du libéralisme laïque et du capitalisme moderne est un rappel de la marginalisation dont souffre le christianisme prophétique à l'âge de l'Empire américain. Mais, comme Hauerwas, il manque à apprécier le progrès moral, les résultats politiques et les libertés religieuses obtenus par les héroïques efforts des citoyens modernes de tradition religieuse et laïque. Il est aussi dangereux de négliger les gains de modernité obtenus par les citoyens prophétiques et les laïques progressistes, que de négliger l'aveuglement des chrétiens constantiniens et des laïques impériaux. Ces gains ne peuvent être préservés et approfondis par un retour aux refuges ecclésiastiques ou aux orthodoxies sectaires. Ils exigent plutôt de nous une intégrité religieuse et une identité démocratique intactes, qui nous poussent à critiquer le christianisme constantinien et l'Amérique impériale.

Ces quatre phares – Rawls, Rorty, Hauerwas et Milbank – ont beaucoup à nous apprendre et sont à bien des égards des forces du bien. Mais ils empêchent le développement d'une robuste identité démocratique chrétienne appuyée sur l'héritage des mouvements sociaux menés par les chrétiens prophétiques. Jeffrey Stout, l'écrivain laïque américain le plus éduqué sur le plan théologique et le plus subtil sur le plan philosophique, soutient en revanche que les démocrates américains doivent joindre leurs forces à l'héritage de protestation chrétienne illustré par Martin Luther King. Il sait que l'avenir de l'expérience démocratique américaine peut dépendre de la revitalisation de cet héritage. Le christianisme prophétique insiste sur la façon que chacun choisit d'être humain, et non sur les marchandises qu'il possède. Il lance ainsi un assaut total contre le nihilisme sous toutes ses formes et frappe un grand coup en faveur de la morale et de l'intégrité. Il rassemble les énergies religieuses pour des objectifs démocratiques en se défiant de toutes les formes d'idolâtrie, y compris l'idole de la démocratie elle-même. Il préserve l'identité chrétienne et ses engagements démocratiques sans contraindre les autres ni confondre les sphères de l'Église et de l'État.

Il faut, pour que surgisse une nouvelle identité démocratique en Amérique, que les réalités impériales soient reconnues et les héritages prophétiques revitalisés. Malgré les énormes ressources déployées par les élites impériales pour nourrir le christianisme constantinien, les efforts moins financés et moins populaires des démocrates et des chrétiens prophétiques doivent devenir plus manifestes. Les organisations du christianisme prophétique, comme le Conseil mondial des Églises, le groupe d'action civique des Sojourners et les Églises noires prophétiques, doivent lutter pour retrouver leur place dans le discours public. Elles doivent reconnaître qu'elles ont subi une sorte de siège de la part des constantiniens et n'ont pas perdu leur domination par accident.

Ironiquement, la puissance politique actuelle des chrétiens impériaux vient du succès du mouvement chrétien démocratique de Martin Luther King. Son engagement dans le mouvement des droits civiques a encouragé les chrétiens constantiniens à s'organiser davantage et à s'allier aux élites du pouvoir de l'Empire américain. La politisation du fondamentalisme chrétien a été une réponse directe à l'héritage prophétique de King. Cela a commencé par une réaction blanche profondément raciste contre celui-ci dans la vie publique américaine –

comme en témoigne l'université Bob Jones, qui interdisait récemment encore les relations interraciales.

La montée du christianisme constantinien en Amérique a accompagné le réalignement de la politique américaine par le parti républicain, avec son recours à des questions racialement codées (*busing*, délinquance, ségrégation positive, aide sociale), pour attirer les conservateurs du Sud et les centristes urbains blancs. Ce tournant politique a coïncidé avec des appels du pied aux néo-conservateurs juifs, soucieux avant tout de la sécurité fragile et de l'isolement international de l'État d'Israël. La sensation de désespoir des Juifs lors de la guerre du Kippour, notamment – fort compréhensible devant une nouvelle menace d'annihilation des Juifs trente ans après l'Holocauste en Europe –, a poussé à cette alliance impie entre républicains, chrétiens évangéliques et néo-conservateurs juifs américains.

Sur le plan national, la furieuse bagarre sur les quotas à l'université et dans les emplois a suscité un formidable retour de bâton de la part des néo-conservateurs juifs et des conservateurs blancs contre la ségrégation positive. La coalition de droite des chrétiens constantiniens et des néo-conservateurs juifs a contribué à l'élection de Ronald Reagan en 1980. Le fait que 35 % du groupe non blanc le plus libéral – les juifs américains – aient voté pour Reagan était un signe avant-coureur. Quand le révérend Jerry Falwell, de la majorité morale, a reçu le prix Jabotinsky en 1981 en Israël, le christianisme constantinien a atteint son stade international, soutenu par le conservatisme juif. Les élites impériales, avec leurs énormes ressources financières, avaient compris combien des chrétiens constantiniens organisés pouvaient être utiles à leur objectifs nihilistes.

La montée des chrétiens constantiniens dans notre démocratie a progressé par stades. Ils ont d'abord pris pour cible les groupes œcuméniques comme le Conseil mondial des Églises, le Conseil national des Églises, et les libéraux (épiscopaliens, presbytériens, luthériens et congrégationalistes) qui parlaient en défense des droits des peuples de couleur, des travailleurs, des femmes, des homosexuels et des lesbiennes. Les fondamentalistes chrétiens (soutenus par de grands pouvoirs financiers) se sont livrés à de pernicieuses attaques contre les chrétiens prophétiques qualifiés de "libéraux", et ont œuvré à discréditer les voix de la modération. Comme sous le maccarthysme, ils ont comparé le mouvement de libération de la théologie, qui insistait sur la dure condition des pauvres, au communisme soviétique. Ils ont lancé l'anathème contre les séminaires libéraux (surtout ceux de ma bien-aimée Union Theological Seminary de New York), qualifiés de havres pour les marginaux, les homosexuels, les lesbiennes, les Noirs radicaux et les lavettes blanches ployant sous la culpabilité. Cette tactique de calomnie a beaucoup intimidé la gauche chrétienne, l'effaçant pratiquement du territoire public.

Les fondamentalistes chrétiens ont aussi cherché à recruter des chrétiens constantiniens de couleur pour présenter une ménagerie plus complète aux élites impériales de la Maison Blanche, du Congrès, des parlements, des mairies et des médias. Les élites manipulatrices du mouvement savaient qu'une telle alliance leur vaudrait un soutien financier accru de la part des grands affairistes pour faire campagne dans toutes les Églises impériales du pays. De nos jours, la légitimité du gouvernement impérial a besoin de son vernis de diversité.

Le dernier stade de la montée des constantiniens a consisté à consolider leur pouvoir en se joignant à des groupes d'action politique bien organisés comme la Coalition chrétienne et la Majorité morale. Cette coordination politique leur a permis de gagner de l'influence, du pouvoir, de la légitimité et de la respectabilité dans l'Empire américain ; ils ont été reconnus comme des activistes et des médiateurs avec lesquels il fallait compter dans les réunions privées des ploutocrates et de leurs politiciens. Les élites impériales ont reconnu l'utilité des chrétiens constantiniens pour leurs objectifs nihilistes. Leur parcours, de l'élection de Reagan en 1980 à celle de George W. Bush en 2000, a été un éclatant succès – selon les critères du monde nihiliste.

Jamais dans l'histoire de la République américaine un groupe de chrétiens organisés n'avait atteint une telle prééminence dans l'Empire américain. Et ce succès mondain – un peu étrange pour un groupe fondamentaliste aussi axé sur des aspirations supramondaines – a eu de profondes répercussions sur la chrétienté américaine. Le pouvoir, la puissance, le statut et les possessions matérielles (tout l'attirail du nihilisme de l'Empire américain) sont devenus des thèmes majeurs du christianisme américain. Désormais, on a souvent l'impression que tous les chrétiens parlent d'une même voix, alors que le bruit de l'élément constantinien a totalement noyé les voix prophétiques. Le christianisme impérial, la spiritualité de marché, les Églises obsédées par l'argent, les évangiles de prospérité, les prières visant à passer un marché avec Dieu ou à lui demander un changement de fortune sont devenus les voix prévalentes du christianisme américain. Dans cette version du christianisme, le précieux sang répandu au pied de la croix n'est plus qu'un vulgaire liquide destiné à rafraîchir des aspirants à la montée sociale dans le jeu américain nihiliste du pouvoir et de la puissance. On n'entend pas un murmure sur la justice sociale, la résistance au mal institutionnel, ou le courage d'affronter les régulations en place – à l'exception notable de l'avortement.

Il va sans dire que la marchandisation du christianisme est un phénomène ancien, central à la vie américaine passée et présente. Ce qui est nouveau, c'est la dimension effrayante qu'elle a atteinte. Il ne fait pas de doute que les Églises reflètent le nihilisme de marché de notre société et de notre monde. Il reste que cette éclipse des valeurs et des visions hors du marché – l'amour, la justice, la compassion et la bonté pour les étrangers – est terrifiante. Où sont les voix chrétiennes outragées par l'avidité des élites financières, alors que des millions d'enfants vivent dans la pauvreté ? Les chrétiens américains savent-ils seulement que la fortune des trois hommes les plus riches du monde est supérieure au produit national brut des quarante-huit pays les plus pauvres, ou que la richesse personnelle des deux cent vingt-cinq individus les plus riches est égale au revenu annuel de la moitié la plus pauvre de toute la population mondiale ? La philanthropie, c'est très bien, mais qu'en est-il de la justice, de la justesse des institutions et de la transparence structurelle ?

Il existe toutefois des groupes de chrétiens prophétiques prêts à relever le défi face à la montée de la droite chrétienne, qui ont compris la nécessité de lui opposer leurs propres organisations. Ainsi, Jim Wallis, à la tête du groupe d'activistes Sojourners ; le révérend James Forbes, de la Riverside Church de New York ; Sujay Johnson Cork, de la Hampton Preacher's Conference ; le révérend Charles Adams, de la Hartford Memorial Church à Detroit ; le révérend Jeremiah Wright, de la Trinity Church à Chicago ; l'évêque Charles E. Blake, de la West Angeles Church of God in Christ ; le révérend J. Alfred Smith, de l'Allen Temple à Oakland ; le père Michael Pfleger, de la Faith Community of Saint Sabina à Chicago ; et beaucoup d'autres.

Il est cependant indéniable que le défi de garder le mouvement chrétien prophétique vibrant et vital à l'âge de l'Empire américain n'a pas encore été relevé. Le somnambulisme des Églises américaines vis-à-vis de la justice sociale est effrayant. Le mouvement mené par Martin Luther King – dont l'héritage a été confisqué par les chrétiens impériaux – a forgé l'identité chrétienne démocratique la plus subtile et la plus significative des Temps modernes. À présent qu'elle est en ruines, les chrétiens prophétiques auront-ils la force de la faire renaître de ses os désséchés ?

Le christianisme constantinien de l'administration Bush, quelles que soient par ailleurs ses authentiques dimensions piétistes, ne doit pas être le modèle de l'identité chrétienne américaine. Sa politique et sa quête nihiliste de pouvoir et de puissance supplantent toutes les professions personnelles d'humilité et de compassion. L'apparence de piété peut infliger de grands dommages. Constantin lui-même se moquait de sa piété lorsqu'il continuait à dominer et conquérir des peuples. Pourtant, un effort purement laïque contre le zèle religieux ne sera jamais assez puissant pour prévaloir ; seule une coalition des chrétiens de toutes couleurs, des Juifs, des musulmans, des bouddhistes prophétiques et des laïques démocrates nous permettra de préserver l'expérience démocratique américaine.

La controverse sur le film de Mel Gibson, *La Passion du Christ*, révèle les courants nihilistes de la coalition conservatrice et les failles potentielles en son sein. L'antijudaïsme et l'antisémitisme chrétien au cours des dix-huit siècles passés viennent essentiellement de l'alliance des récits bibliques de la crucifixion de Jésus insistant sur la responsabilité des Juifs et l'innocence des Romains, et de l'intégration par Constantin du christianisme au pouvoir impérial. Tant que les premiers chrétiens – eux-mêmes souvent des Juifs – étaient une minorité persécutée dans l'Empire romain, leurs affirmations bibliques sur la culpabilité juive et l'indifférence romaine dans le meurtre de Jésus constituaient un débat intrajuif relativement bénin sur un Juif prophétique qui avait défié les élites coloniales juives et les autorités impériales romaines. Ainsi, quand l'expression « les Juifs » apparaît seize fois chez Marc, Luc et Matthieu, et soixante et onze fois chez Jean, ces auteurs des Évangiles synoptiques – eux-mêmes juifs – sont engagés dans un débat entre eux et les juifs non chrétiens – deux groupes également persécutés par les autorités impériales. Tous connaissaient la brutalité de ces autorités, y compris celle de Ponce Pilate cinquante ans plus tôt. Avec la destruction romaine du Temple en l'an 70, le judaïsme rabbinique émergea aux côtés du mouvement chrétien mené par des Juifs. La lutte chrétienne et judaïque pour l'âme des Juifs dans la Rome impériale fut terrible, mais dans des conditions d'oppression intense pour les deux groupes.

Avec l'adoption du christianisme comme religion officielle de l'Empire romain au IVe siècle et la persécution de toutes les autres religions, ce débat interne devint létal. L'expression « les Juifs » dans les Évangiles devint la source d'un vicieux antijudaïsme chrétien et d'une pernicieuse politique impériale qui blâmait, attaquait, et assassinait les Juifs de foi judaïque. Avec l'injection de la race, l'antijudaïsme chrétien (une bigoterie religieuse) devint un antisémitisme chrétien (une bigoterie raciste). Les Juifs convertis au christianisme purent éviter le premier, mais tous les Juifs ont souffert du second. Et l'histoire des deux bigoteries est un crime contre l'humanité – autrefois comme maintenant.

Le film sanguinolent de Mel Gibson sur l'assassinat du Christ, qui frôle la pornographie dans sa violence, est parfaitement en phase avec l'ignorance et l'innocence des chrétiens constantiniens sincères, qui ont une faible idée de la source de l'antisémitisme et ignorent leur propre complicité avec l'arrogance impériale. Son tableau de la responsabilité juive et de l'innocence romaine cadre avec le modèle séculaire de l'antisémitisme chrétien – dans son effet, sinon en intention.

Ironiquement, ces Juifs qui se sont empressés de s'aligner sur les chrétiens constantiniens pour défendre l'Amérique impériale et la politique coloniale d'Israël voient à présent le profond antisémitisme de leurs alliés fondamentalistes. Mais ces même Juifs conservateurs – constantiniens – ne perçoivent toujours pas leur propre complicité avec les élites américaines impériales qui soutiennent et tolèrent la politique coloniale et les sentiments anti-arabes des élites conservatrices israéliennes. Les questions de démocratie – mises en avant par les chrétiens, les juifs, les musulmans, les bouddhistes prophétiques et les laïques progressistes – exigent une cohérence morale et une intégrité éthique. Même si nos efforts ne sont pas toujours couronnés de succès, nous ne devons jamais cesser de combattre toutes les formes de bigoterie, surtout quand la propagande raciste s'ajoute à la quête nihiliste de pouvoir et de puissance. Le profond courant antisémite chrétien va-t-il briser la coalition conservatrice dans l'Amérique impériale ? Les élites juives de Hollywood vont-elles commencer à questionner les stéréotypes racistes, à présent que cette controverse s'est retournée contre elles ?

Je parle en chrétien dont l'attachement à la démocratie est très profond, mais dont les convictions chrétiennes sont plus profondes encore. La démocratie n'est pas ma foi, et la démocratie américaine n'est pas mon idole. Voir l'évangile du Christ abâtardi par des chrétiens impériaux et pulvérisé par des croyants constantiniens, puis exploité par des élites nihilistes de l'Empire américain, cela me fait bouillir. Être chrétien – un disciple du Christ –, c'est aimer la sagesse, aimer la justice et aimer la liberté. C'est l'amour radical dans la liberté chrétienne et la liberté radicale dans l'amour chrétien, qui embrassent le questionnement socratique, le témoignage prophétique et l'espoir tragicomique. Si les chrétiens n'illustrent pas cet amour et cette liberté, alors nous sommes aux côtés des nihilistes de l'Empire romain (les lâches élites romaines et les Juifs assujettis) qui ont soumis le Christ à une mort humiliante. Au lieu de recevoir son amour pour la liberté comme le présent de sa grâce, nous finissons par croire aux idoles de l'empire qui l'a cloué sur la croix. Je ne veux pas être compté parmi ceux qui ont vendu leur âme pour un plat de lentilles – qui ont soumis leur identité chrétienne en échange d'une place confortable à la table de l'Empire américain –, alors que, tel Lazare, les derniers criaient et que j'étais trop enivré du pouvoir mondain pour entendre leurs cris. Être chrétien, c'est vivre dangereusement, honnêtement, librement – s'avancer au nom de l'amour en sentant le sol se dérober sous ses pieds, tout en continuant d'avancer parce que quelque chose vous soutient qu'aucun empire ne peut vous donner et qu'aucun empire ne peut vous retirer. Tels sont la vision et le courage requis pour permettre le renouveau de l'identité prophétique démocratique chrétienne à l'âge de l'Empire américain.

CHAPITRE V

L'indispensable engagement dans la culture des jeunes

« L'erreur de la jeunesse radicale est de réclamer tout ou rien, de voir toute activité partielle comme un compromis. Il s'agit, semble-t-il, de s'engager dans quelque chose qui va amener la révolution et la transformation d'un seul coup, ou de ne rien faire. Mais le compromis n'est jamais qu'une tentative désespérée de concilier l'inconciliable. Ce n'est pas un compromis que d'étudier pour comprendre le monde où l'on vit, de chercher à exprimer sa propre vie intérieure, de travailler pour l'harmoniser et en faire un tout cohérent, pas plus que ce n'est un compromis de travailler dans une sphère restreinte pour harmoniser la vie sociale et les relations entre les hommes qui travaillent ensemble, harmonisation qui sera source de démocratie dans chaque sphère de la vie. »

Randolph S. BOURNE,
Youth and Life (1913)

« Quand Public Enemy est sorti, on avait l'habitude de dire : "Nous, Public Enemy, on travaille à la préservation de l'âme noire. On est des pirates des médias." On s'est appliqués à détourner les médias pour les remettre dans notre propre forme. [...] De toute façon, chaque fois qu'on regardait les infos pour entendre parler de nous, ils étaient occupés à nous mettre sous les verrous, de sorte que l'interprétation issue du rap était beaucoup plus claire. C'est pour ça que j'appelle le rap le CNN noir. Le rap est maintenant un phénomène mondial. Le rap est devenu le CNN des jeunes partout dans le monde. »

Chuck D. et Yusuf JAH, *Fight the Power. Rap, Race and Reality* (1997)

« Quand on demande : "Où en est le kiphop ?", la première réponse est que le hip-hop (la communauté) doit parvenir à un niveau d'autogouvernement qui lui permette de créer, réguler et tirer bénéfice de ses éléments, de ses ressources et de ses caractères intellectuels propres. L'état du hip-hop est que le hip-hop est gravement exploité par l'industrie du disque américaine qui manipule son image publique pour vendre le fantasme du proxo, du casseur, du camé, du flash, du clinquant et de la danse aux jeunes Blancs fans de rap qui sont impressionnés par ce genre de comportement. D'un côté, c'est l'image rebelle du hip-hop qui attire les jeunes. Mais de l'autre, la vraie vie de ceux qui vivent parmi les proxos, les casseurs, les putes, les dealers, etc., sont loin d'être de simples fantasmes qu'on peut enfiler comme ça quand on a envie de se sentir sexy ou macho ! La vraie vie de ceux qui sont affectés par l'injustice, l'absence de loi et la corruption a créé (et continue de créer) le hip-hop comme une façon de sortir de l'oppression. »

KRS-ONE, *Ruminations* (2003)

Dans les moments passés de division nationale, les jeunes ont joué un rôle énorme dans l'approfondissement de l'expérience démocratique américaine. La lutte des Noirs pour la liberté et le mouvement pacifiste des années 1960 ont été largement nourris de leur vision et de leur courage. Quand les anciens commencent à céder à la lassitude et à la désillusion, l'énergie morale de jeunes capables de réflexion et de compassion peut jouer un rôle vital en redonnant de l'élan à la démocratie. Toutefois, l'une des stratégies les plus efficaces des forces économico-financières a consisté à inonder le marché des jeunes de divertissements sédatifs de toutes sortes qui les détournent de tout engagement sur les questions de paix et de justice. L'incessant bombardement d'images (du porno à la violence gratuite) issu de la télévision, des films et des clips persuade beaucoup de jeunes que la culture de gratification immédiate – une quête de plaisir insatiable, une excitation et une stimulation sexuelle permanentes – est l'unique façon d'être humain. Les valeurs hédonistes et les identités narcissiques fabriquent des jeunes gens apprauvris sur le plan émotionnel, incapables de grandir et de vouloir être des citoyens démocrates responsables. Les médias soumis au marché poussent beaucoup d'entre eux à penser que la vie se borne à l'acquisition de jouets matériels et à l'obtention d'un statut social. Dans ce processus, ils perdent ou négligent l'idée démocratique de rendre le monde plus juste et de s'efforcer d'être une personne décente et pleine de compassion.

Ce bombardement médiatique, outre qu'il prive les jeunes de leur droit à se battre pour leur maturité en favorisant l'individualisme possessif aux dépens de l'individualité démocratique, les laisse mal équipés pour affronter la malnutrition spirituelle dont ils souffrent à l'issue de cette vaine poursuite du plaisir. Ce vide de l'âme touche autant les gamins riches des banlieues vanille que les gamins pauvres des centres-villes chocolat. Ni la possession de marchandises ni la fétichisation de celles-ci ne satisfont leur besoin d'amour et de confiance en soi. Tout ce que nous y gagnons, c'est une dépression personnelle, une douleur psychique et une solitude individuelle qui nourrissent les modes d'évasion influencés par les médias. Cela inclut l'usage régulier de drogues comme la cocaïne et l'ecstasy ; la fréquence croissante de rapports sexuels incroyablement précoces, comme ces gamines du collège qui font des pipes à des garçons parce que c'est « cool » ; et la dépendance de quantité de jeunes aux sites de *chat* ou à des *weblogs* dans lesquels ils endossent une autre personnalité. Cet engourdissement des sens, cette hébétude de l'esprit et ce confinement de la vie à un éternel présent, accompagnés d'une absence totale de connection au passé et de toute vision d'un avenir différent, constituent une forme insidieuse de meurtre de l'âme. Après cela, on se demande pourquoi la dépression et les suicides montent en flèche chez nos précieux enfants.

La façon la plus dangereuse de réagir à ces assauts du marché est la dépendance – à la drogue, à l'alcool, au sexe ou aux formes les plus bornées de popularité et de succès. Ces dépendances laissent peu de place aux efforts pour devenir mature, soucieux des autres ou politiquement engagé en faveur du changement social. La façon la plus répandue d'échapper à la douleur et au vide est l'automédication – le premier pas vers l'autoprofanation et l'autodestruction. C'est pourquoi tant de jeunes en Amérique se retrouvent à la dérive, déracinés et démunis. Ils n'ont aucun sens de leur histoire, peu de prise sur ce qui les modèle, et aucune image vitale de leur potentiel humain. Beaucoup ont été réduits à un paquet de désirs ciblés pour le consumérisme par l'Amérique des multinationales. Leur armure vitale est trop mince pour soutenir le traumatisme émotionnel généré par le rythme effréné de la culture capitaliste de consommation à laquelle ils sont livrés. Bref, il leur manque les compétences de navigation indispensables pour affronter les défis et les crises de la vie – les déceptions, la maladie ou la mort. C'est pourquoi tant d'entre eux pratiquent dans leur propre vie un nihilisme dépourvu de signification et d'espoir qui reflète le nihilisme du monde adulte. S'ils sont à ce point désillusionnés, c'est souvent de voir combien le monde adulte est lui-même dépourvu de toute morale.

Pourtant, certains jeunes persévèrent et s'en sortent : ceux qui ne se satisfont pas de simples jouets matériels ni d'illusions de sécurité. Ils ont faim d'autre chose et soif de profondeur. Ils veulent une attention aimante, une sage guidance et un conseil emprunt de compassion. Ils sont en quête de l'individualité, de la communauté et de la société démocratiques. Ils savent que quelque chose ne va pas en Amérique et qu'il manque quelque chose à leur vie. Ils aspirent à une vision énergisante méritant qu'on s'y engage et qu'on se sacrifie pour elle, qui resituera leur âme amaigrie dans une histoire plus grande qu'eux, et leur ego surdimensionné (qui ne cache qu'insécurités et angoisses profondes) au sein d'une épopée plus vaste. Leur âme émaciée recèle une rage qui se retourne souvent contre le monde ; leur ego surdimensionné suscite une posture impudente de défi vis-à-vis de l'autorité légitime ou illégitime. Une grande histoire et une vaste épopée – surtout démocratiques – peuvent canaliser leurs aspirations et les amener à contribuer de façon significative à faire du monde un endroit meilleur. Cette aspiration est la trame même des questions de démocratie.

Comme toutes les jeunes générations, nos jeunes gens d'aujourd'hui voient clairement les hypocrisies et les mensonges de notre société et entreprennent en grandissant de contester radicalement ceux-ci. Ils s'aperçoivent que leur éducation a été déformée et édulcorée, et qu'ils sont passés à côté de beaucoup de vérités inconfortables. Cela suscite souvent une ardente déception, voire une colère, contre l'échec de notre société à offrir un soutien cohérent aux valeurs démocratiques et humanistes qui se font jour chez les jeunes dans cette phase de leur vie. Cette conscience nouvelle est une force non négligeable que la société adulte devrait prendre davantage au sérieux. Nous devrions percevoir dans les expressions de cette indignation morale une sorte de sagesse profonde qu'il nous faut canaliser de façon plus productive et positive.

Dans la sphère politique, l'expression la plus significative de ce mélange de colère, de déception et de profondes aspirations est aujourd'hui le mouvement altermondialiste démocratique. Bien qu'il n'en soit qu'à ses débuts, ce mouvement visant à demander des comptes à l'Empire américain et à ses multinationales est essentiellement mené par la culture des jeunes. La manifestation historique du 15 février 2003, où des millions de gens dans plus de six cents villes (dont près de deux cents villes américaines) ont affirmé que l'invasion de l'Irak était une violation du droit international, illustre la profonde énergie démocratique et la ferveur morale que peut susciter la jeunesse. D'autres manifestations à Seattle, à Prague, à Washington, à Rome et à Davos, également menées par des jeunes, ont attiré l'attention internationale sur le caractère antidémocratique des centres de pouvoir mondiaux sur lesquels s'appuie la domination de l'Amérique impériale.

Le cœur de ce mouvement est la critique du dogme de l'intégrisme du marché et des inégalités de richesse croissantes que suscite partout dans le monde la servile dévotion à ce dogme. Il prend également pour cible le militarisme agressif du gouvernement américain et la montée générale de l'autoritarisme. Les efforts entrepris pour forger des institutions durables à partir de ces protestations – comme les groupes d'intérêt public MoveOn et Global Citizens Campaign – illustrent l'engagement démocratique en action. Une grande part de l'enthousiasme généré par ces organisations tient à la culture de la jeunesse. L'une des tâches auxquelles je me suis consacré (en tant qu'intellectuel démocrate d'âge moyen !) a été de rendre ce mouvement plus multiracial en le reliant à la culture de la jeunesse noire. Pour ce faire, je me suis impliqué dans l'énergie de la culture hip-hop et de la musique de rap, en les prenant avec tout le sérieux qu'elles méritent.

Même si la culture hip-hop a été infectée par les excès et l'amoralité mêmes contre lesquels elle était née, le meilleur du rap et du hip-hop exprime encore, avec plus de force et de clarté que toute expression culturelle de la génération précédente, une mise en accusation de la décadence morale de notre société dominante. Percée culturelle sans précédent réalisée par des jeunes Noirs pauvres des quartiers chocolat de l'empire, le hip-hop a transformé l'industrie du divertissement et la culture partout dans le monde. L'ironie fondamentale du hip-hop, c'est qu'il a fini par être perçu comme un phénomène nihiliste, macho, violent et commercial, quand sa pulsion originaire était en fait un furieux dégoût des hypocrisies de la culture adulte – dégoût de l'égoïsme, de l'inhumanité capitaliste et de la xénophobie de cette culture, dans les quartiers comme dans la société en général. Par exemple, le groupe hip-hop le plus populaire d'aujourd'hui est Outkast, d'Atlanta. À propos de leur premier album, sorti voici une dizaine d'années, Ruben Bailey expliquait leur nom, qui remonte aux racines du hip-hop : « En usage depuis longtemps dans le système tordu de l'Amérique, *outkast*, "exclu", adjectif signifiant sans domicile fixe ou non accepté par la société, mais creusons un peu plus loin. Êtes-vous un exclu ? Si vous comprenez les principes de base et les vérités fondamentales de cette musique, vous l'êtes sans doute. Si vous pensez que c'est une simple histoire de proxos et de portières de Cadillac qui claquent, vous êtes sans doute un petit Blanc, ou un Nègre qui se prend pour un petit Blanc, ou c'est juste que vous n'avez pas pigé. Un exclu, c'est quelqu'un qui n'est pas considéré comme faisant partie du monde normal. On le regarde autrement. Il n'est pas accepté à cause de ses vêtements, de ses cheveux, de son boulot, de ses croyances ou de la couleur de sa peau. Alors, regardez-vous : êtes-vous un exclu ? Moi, je sais que j'en suis un, et je me fous bien d'être autre chose. »

Les premières vagues du hip-hop ont été explosives. Issus des marges de la société, le rythme et les textes de Grandmaster Flash et des Furious Five, Kool Here, Rakim, Paris, Poor Righteous Teachers, Afrikaa Bambaataa et, surtout, KRS-ONE et le groupe de Chuck D, Public Enemy, ont déchaîné d'incroyables énergies démocratiques. Ils ont asséné de puissantes vérités sur la souffrance et la résistance des Noirs en Amérique. Les géants politiques du hip-hop ont tous exprimé, et expriment encore, la conception underground d'Outkast : une juste indignation devant les dogmes et le nihilisme de l'Amérique impériale. Mais le hip-hop a été bientôt intégré au courant dominant de la jeunesse américaine, ce qui a dilué sa ferveur prophétique.

Avec l'avènement des géants de la génération suivante – Tupac Shakur, Ice-T, Ice Cube, Biggie Smalls et Snoop Dogg – le génie linguistique est venu s'entrelacer à la sensibilité des gangs de rue. Ironiquement, leur honnêteté artistique a révélé dans leur travail comme dans leur vie une énergie subversive issue de la rue. À mesure que l'industrie du disque normalisait la musique, cette énergie de la rue est devenue dominante, suscitant les stéréotypes racistes du Noir hypercriminel et hypersexuel, et de la femme noire comme l'objet soumis de sa conquête. Les majors du disque ont compris que les ados blancs s'intéressaient davantage à l'aspect violent et misogyne qu'à l'aspect critique et prophétique. Ce produit destiné à une jeunesse rebelle des banlieues vanille – 72 % de ceux qui achètent des CD de hip-hop et plus encore de ceux qui les téléchargent illégalement – a entraîné un boom économique dans l'industrie du disque jusqu'à sa chute récente. Black Star, le duo progressiste de Mos Def et Talib Kweli, a réagi à ce centrage du marché vers le bas dans *Hater Players* : « On a commencé à voir des mecs crier : "Player hater" à tous ceux qui avaient le culot de critiquer leurs merdes. Beaucoup de musiciens riches font une musique de merde, on touche le fond ! Je me rappelle quand le pire que vous pouviez faire, c'était un tabac. Et puis les types qui faisaient un tabac se sont mis à tenir le devant de la scène. On a appelé cette chanson *Hater players* parce que beaucoup de musicos détestent penser qu'on fait ça par amour. » Pour sa part, Lauryn Hill note dans *Lost Ones* : « C'est drôle comme l'argent change une situation / Pas de communication mène aux complications / Mon émancipation n'entre pas dans votre équation / J'étais dans les bas-fonds et toi sur toutes les chaînes. »

Il ne faut pas confondre le hip-hop avec le hip-hop constantinien. Le hip-hop prophétique reste fidèle à la juste indignation et à la résistance politique des profondes énergies démocratiques. Le hip-hop constantinien s'incline devant les dogmes et le nihilisme de l'Amérique impériale. Comme le dit DA Smart dans *Where Ya At ?* : « Vous cherchez quoi en nous bouffant comme des cannibales / Quoi qu'il soit arrivé à ces quarante acres et à cet animal / Maintenant vous tentez le coup de l'intégration pour nous avoir / Comme l'a dit Malcolm, on nous a trompés et embobinés. »

Le fait qu'une poésie puissante et une critique sociale percutante puissent venir de jeunes qui ont été si honteusement dédaignés, rabaissés et diabolisés par la culture du marché dominant, considérés comme de la chair à canon par un système judiciaire criminel raciste et un vaste complexe détentif-industriel, cantonnés dans des écoles délabrées, issus de familles brisées (avec trop de pères irresponsables au chômage) et d'environnements violents, est un remarquable témoignage des perspectives nouvelles et de l'énergie vitale que peuvent injecter dans notre démocratie des jeunes qui n'ont pas encore passé de compromis avec le système corrompu.

Quelle horrible ironie que cette poésie et cette critique aient été récupérées au profit des préférences consuméristes des jeunes des banlieues blanches – qui aspirent eux-mêmes à une énergie rebelle et un divertissement exotique dans leur monde bourgeois et creux. Les voix noires issues des quartiers étaient les plus authentiques qu'ils pouvaient trouver en dehors de la flasque culture de marché, aussi les industries du disque et de la mode ont-elles sauté sur cette manne commerciale. Le hip-hop – avec de grands talents comme Jay-Z, Eminem, Dr. Dre, Master P, Kanye West, Pharrell,

Killer Mike, Dead Prez et surtout Outkast – est aujourd'hui dans un état précaire. S'il reste une force majeure de l'industrie, beaucoup de ses talents sont retournés dans l'underground. Désormais, comme le montre Imani Perry dans son superbe livre, *Prophets of the Hood* (2004), l'avenir du hip-hop est dans la musique locale. Par ailleurs, le mouvement néo-soul (Jill Scott, The Roots, Kindred, Anthony Hamilton, Ruff Endz, Dru Hill, Donnic, India.Arie, Alicia Keys) représente un adoucissement de la dureté et de la grossièreté, à l'instar de génies éternels comme Gerald Levert, Aretha Franklin, Teddy Pendergrass, Stevie Wonder, Luther Vandross, Ronald Isley et R. Kelly. Mais il est possible qu'un autre hip-hop *underground* fasse surface sous peu. Je l'espère pour les forces démocratiques de la vie américaine, le hip-hop ayant à ce jour contribué de façon vitale à l'énoncé de vérités politiques nationales et internationales.

Comme d'autres formes de musique noire dans le passé, le hip-hop a captivé l'imagination des jeunes sur toute la planète. Le hip-hop prophétique a énoncé des vérités pénibles sur leur combat intérieur et la façon dont leur âme est blessée par les écoles décrépites, les soins médicaux inadéquats, le chômage et les marchés de la drogue installés au cœur des centres urbains de l'Empire américain. Le hip-hop constantinien, en revanche, se vautre dans le fétichisme de la marchandise, célèbre le matérialisme, l'hédonisme et le narcissisme de la culture (le « dring ! dring ! » des caisses enregistreuses) et pousse à une dégradation des femmes, des homosexuels et des lesbiennes. En bref, le hip-hop est un parfait miroir du meilleur et du pire, des vices et des vertus de notre société.

La culture hip-hop et la musique rap sont à bien des égards une mise en accusation de l'ancienne génération, même si elles nous imitent d'une façon rude et grossière. Les voix pénétrantes et provocantes de cette nouvelle génération proclament avec lyrisme qu'elle a été négligée par des adultes trop absorbés dans l'auto-indulgence, trop centrés sur eux-mêmes et trop automédiqués pour lui donner l'amour, le soin et l'attention nécessaires à son épanouissement. Seules leurs mères bien-aimées, souvent épuisées, sous-payées et aux prises avec une cruelle absence de réelle intimité, sont épargnées. Ils accusent également l'Empire américain de mensonge et d'hypocrisie, non dans un langage directement anti-impérialiste, mais par une interprétation poétique des déficits émotionnels et des défauts d'éducation qui résultent des inégalités institutionnelles de l'empire.

Tous les démocrates se doivent d'encourager les voix prophétiques du hip-hop, qui invitent les jeunes à se montrer autocritiques plutôt qu'auto-indulgents, socratiques plutôt qu'hédonistes. C'est pourquoi je participe aux efforts de Russell Simmons et Benjamin Chavis pour organiser le hip-hop en une force politique qui mette l'accent sur la détresse des jeunes. Je soutiens aussi la vision de KRS-ONE, qui enseigne aux jeunes les objectifs prophétiques du hip-hop *underground*. Citons encore l'organisation de L. Londell Mcmillan, Arts Empowerment Collective, qui protège les artistes prophétiques des abus de l'industrie ; et les grands spectacles annuels organisés par le génie musical Prince à Paisley Park, qui réunissent l'ancienne génération et les jeunes artistes pour lutter sur les questions politiques. Le hip-hop prophétique est un précieux terreau dans lequel peuvent germer les semences d'individualité, de communauté et de société démocratiques.

J'ai expérimenté cette germination sur un plan personnel avec mon premier CD en 2001, *Sketches of my Culture,* et mon double CD en 2004, *Street Knowledge.* Les studios Crystal Clear, dans mon vieux quartier noir de Glen Elder, à Sacramento, sont pour les jeunes un espace démocratique vital. Il y règne une profonde solidarité traversée d'échanges critiques et de réflexion politique. Notre groupe, Four Black Men Who Mean Business (4BMWMB), réunit le producteur et parolier Derek « DOA » Allen, l'initiateur et parolier Michael Dailey, le leader et parolier Clifton West (mon frère bien-aimé) et moi-même. Notre but est d'enseigner aux jeunes l'histoire prophétique de la musique noire et de leur révéler les fondations politiques du hip-hop. Nous jetons des ponts entre la vieille et la jeune génération en leur parlant directement et en jouant avec eux dans leur propre langage et dans leur propre style. Ces CD sont une éducation sous forme musicale ayant une visée artistique et politique. Les questions de démocratie se trouvent ainsi tissées dans la culture hip-hop d'une façon respectueuse et pourtant critique.

La culture hip-hop n'est pas le seul véhicule d'une telle percée vers le grand public, même s'il est vital. La désaffection de tant de jeunes tient notamment à leur perception que la communauté adulte ne comprend pas leurs problèmes et ne s'en soucie pas. Même dans le monde universitaire, qui doit avoir pour vocation de faire jaillir l'étincelle de l'exploration intellectuelle pour préparer les jeunes esprits à une participation engagée et productive à notre démocratie, les exigences du marché sont devenues toutes-puissantes. La quête étroite de succès écrase la quête de la véritable grandeur, celle qui consiste à utiliser sa réussite pour faire du monde un endroit meilleur.

Une culture technocratique soumise au marché a infiltré la vie des universités, avec une quête bornée de trophées universitaires et un souci de générer des revenus grâce à des bourses et des partenariats financiers qui prennent le pas sur la tâche fondamentale de nourrir les jeunes esprits. Il est impératif, pour les adultes qui ont fait de la vie de l'esprit leur vocation, de s'engager dans la communauté au sens large pour intervenir dans le discours national sur les questions importantes de l'époque avec des modes d'énoncé de la vérité qui engagent la jeunesse. Les jeunes ont une conscience aiguë de l'hypocrisie des adultes dans les sphères de la politique et des affaires, et ceux d'entre nous qui sont libres de parler plus franchement sans crainte de sanctions – même si cette liberté est aujourd'hui menacée – ont le devoir de jeter ce pont dans leur direction.

C'est pourquoi je me suis non seulement engagé à enseigner et écrire dans le cadre de l'université, mais aussi à communiquer avec la culture au sens large. J'ai enseigné dans les prisons pendant plus de vingt ans. Mes nombreuses apparitions sur C-SPAN et d'autres chaînes de télévision ont été autant d'occasions d'interpeller nos concitoyens sur les questions brûlantes de notre temps. Mon commentaire hebbdomadaire, dans l'émission de Tavis Smiley sur la chaîne de radio publique, présente un point de vue démocratique sur la politique extérieure et intérieure des États-Unis. J'aborde régulièrement la question de l'héritage de l'esclavage avec les jeunes dans les *Nick News* de Linda Ellerbee, en insistant sur le progrès démocratique. Ma coprésidence de la National Parenting Association avec Sylvia Ann Hewlett (y compris nos livres, *The War Against Parents* en 1998 et *Taking Parenting Public* en 2000) se focalise sur les besoins des enfants ; et mon rôle récent de Conseiller West dans les deux derniers épisodes de *Matrix* soutient la vision profondément démocratique des frères

Wachowski. En outre, la tournée annuelle de Pass-the-Mic (« Le micro est à vous »), rassemblant des milliers de gens disposés à payer cinquante dollars d'entrée pour engager une discussion sur des questions sérieuses, à laquelle je participe avec Tavis Smiley et Michael Eric Dyson (l'intellectuel phare de sa génération), regroupe la jeune et l'ancienne génération dans un espace démocratique de critique et de résistance à l'Amérique impériale. J'ai aussi apporté mon soutien à de jeunes intellectuels démocrates comme Eddie Glaude, de Princeton, et Farah Jasmine Griffin, de Columbia. Sur chacun de ces fronts, j'ai été surpris du besoin que manifestaient les jeunes d'idéaux démocratiques et d'un échange critique.

Je suis particulièrement inspiré par l'exemple de Tavis Smiley, parce qu'il est l'intellectuel démocrate le plus influent dans les médias de la jeune génération – voire de toutes. Sa vibrante présence dans la culture et son combat sans merci contre la race et l'empire ont fait plus que quiconque pour éduquer les jeunes, surtout les jeunes Noirs, et les pousser à s'occuper de questions de démocratie. Tavis Smiley intervient deux fois par semaine dans le Tom Joyner Morning Show – l'émission de radio noire la plus écoutée dans le pays (douze millions d'auditeurs). Sa situation est exceptionnelle : dans l'histoire des médias d'Amérique, personne, quelle que soit sa couleur, n'avait jamais eu en même temps une émission à la radio et à la télévision publiques. Ses neuf livres se vendent très bien. Sa fondation pour les jeunes dirigeants et son groupe de réflexion annuel sur C-SPAN sont des forces majeures pour le bien. Il comprend et incarne la vision et le courage qui sont nécessaires pour que la culture de la jeunesse devienne centrale aux questions de démocratie.

Je ne crois pas que la vie d'un universitaire – ou du moins de tous – doive se borner aux murs de l'université ou servir d'étroits objectifs technocratiques. Les universitaires doivent explorer en profondeur leur domaine spécifique et faire des contributions significatives à l'avancée de leur spécialité ; j'ai rédigé ma part d'articles étroitement centrés sur des questions absconses de philosophie et de livres spécialisés comme *The American Evasion of Philosophy. A Genealogy of Pragmatism* (1989) et *Keeping Faith* (1993). Mais j'ai toujours pensé que les universitaires enclins à s'engager dans les bouillantes questions du jour avaient un rôle public vital à jouer. La participation des universitaires aux manifestations politiques et aux mouvements sociaux démocratiques les plus aboutis de notre histoire a été décisive, rassemblant les travailleurs, les étudiants, les citoyens privés de droits, les activistes et les universitaires politiquement engagés dans de puissantes protestations contre la corruption des élites, et attirant les jeunes dans ce bercail d'énergie démocratique. J'ai embrassé très tôt cette riche tradition d'engagement universitaire sur les problèmes démocratiques de la société que j'avais tant admirée chez nos grands intellectuels, et j'ai résolu d'y prendre part avec détermination. Mais la culture technocratique montante dans nos universités n'a guère à offrir que des rebuffades aux universitaires qui se lancent dans des projets sortant de l'étroite vision technocratique, surtout si ces projets sont politiquement provocateurs. Telle est la mentalité à laquelle je me suis heurté lors d'un (trop) célèbre entretien avec le président de Harvard, Lawrence Summers.

Mes prometteuses expériences démocratiques visant à tisser un réseau d'interconnexions entre l'université, les médias, les prisons, les Églises et la rue ont été remises en question parce qu'elles ne cadraient pas avec son étroite vision technocratique. Pour Summers, le rôle du professeur consiste dans la poursuite élitaire et confortable d'un travail académique satisfaisant une gestion universitaire soumise au marché et à l'Amérique impériale. Il s'agit d'accumuler des trophées académiques et de générer des revenus palpables sous forme de contrats gouvernementaux, de bourses de fondation et de partenariats économiques assurant le prestige de l'université. Cette vision technocratique sépare les professeurs de la culture démocratique plus large et a coupé la vie universitaire de la société qui la nourrit. Summers a jugé sans intérêt mes efforts pour cultiver les jeunes esprits dans des interactions de qualité en dehors de l'université. À ses yeux, la percée en direction du grand public, et notamment de la culture des jeunes, ne fait pas partie de la mission de l'université. Il a en outre contesté mes capacités universitaires et mes affiliations politiques sans se soucier de lire mes travaux ni chercher à savoir comment la communauté universitaire les avait accueillis. J'aurais préféré que cet entretien, qui m'a poussé à démissionner de Harvard, reste strictement privé, mais comme la presse a fait ses choux gras de cette histoire (avec des déformations honnêtes et des attaques qui l'étaient moins), il est important pour moi de la raconter. Summers et moi sommes les seuls à connaître la vérité, et cette histoire est représentative d'un dédain inhumain pour la vocation démocratique des intellectuels de la part de la communauté universitaire américaine.

En octobre 2001, peu après l'arrivée de Summers sur le campus, je fus convoqué chez lui. Mon ami et chef de département Louis Gates m'avait aimablement notifié que le président Lawrence Summers voulait me parler. Je ne l'avais jamais rencontré et je ne l'aurais pas reconnu dans la rue. J'avais eu vent de rumeurs sur son entrée en fonctions agitée comme patron de Harvard. Il aurait fait des remarques sur la nécessité de mettre au pas le célèbre département d'études afro-américaines. Il avait réuni les directeurs de département en écartant délibérément celui des études afro-américaines, le professeur Gates. J'avais aussi entendu dire qu'au cours d'une réunion avec des employés noirs, il avait déclaré que les résultats de la discrimination positive n'étaient guère convaincants à ce jour. Et il y avait l'histoire d'un mémo infamant à la Banque mondiale, proposant que l'on transporte de dangereuses matières polluantes en Afrique subsaharienne, parce que cette région souffrait de surpopulation. Mais j'avais pris ces rumeurs avec une certaine distance, ne disposant d'aucune preuve pour les confirmer. J'étais contrarié par ses premières initiatives – notamment son opposition à une campagne sur le salaire minimum que j'avais fortement soutenue. J'étais également contrarié que l'administration m'ait demandé au début du semestre de réduire mon cours d'études afro-américaines de sept cents à quatre cents étudiants, sous le prétexte qu'il n'y avait pas de salle à Harvard permettant d'accueillir autant de personnes. Ayant refusé de limiter mon cours, cette question traîna pendant trois semaines, jusqu'à ce que je réussisse à caser mes sept cents étudiants dans la cave d'une église catholique près du campus, grâce au soutien de son prêtre prophétique.

Juste avant mon rendez-vous avec le président Summers, Louis Gates me prit à part et me montra une lettre de trois pages qu'il lui avait adressée, énumérant mes seize livres et mes huit publications en coédition, et décrivant mon rôle de conseiller auprès de nombreux groupes d'étudiants. Je fus abasourdi de découvrir que j'avais été sous surveillance, ainsi que la quantité d'énergie et de temps que le professeur Gates avait dû consacrer à cette tâche ; elle me semblait superflue, pour ne pas dire vaine. En tant que professeur d'université à Harvard – un statut particulier n'ayant pas de résidence dans un département ou un programme spécifique –, j'étais libre d'enseigner où bon me semblait et libre aussi de réduire mes heures d'enseignement si je le souhaitais, bien que j'aie préféré au contraire les augmenter. Je ne pensais pas avoir besoin d'une telle introduction, ni devoir me justifier ainsi devant le président.

Quand je pénétrai dans son bureau, le professeur Summers me parut mal à l'aise en me serrant la main. Puis, à ma grande surprise, cet homme que je n'avais jamais rencontré auparavant entama la conversation en me disant qu'il voulait que je l'aide à virer Harvey Mansfield, un professeur conservateur de premier plan qui avait ouvertement dénigré l'importante présence d'étudiants noirs et de femmes à Harvard. Summers supposait apparemment qu'étant un démocrate noir, je me réjouirais de participer à la curée sur le professeur Mansfield. À sa surprise, et sans doute à son embarras, je lui répondis que Harvey Mansfield était l'un de mes amis, mon ancien professeur et un collègue respecté, et que je venais de le féliciter pour sa magnifique traduction du classique *De la démocratie en Amérique* de Tocqueville. Je l'informai que Mansfield et moi avions pris part à de nombreux débats publics sur les questions de race qui avaient rencontré un grand succès auprès des étudiants, que j'avais donné des conférences à ses propres classes, et que, si nous étions en net désaccord, nous n'en étions jamais venus aux insultes. Summers réagit comme si je m'étais transformé sous ses yeux d'un habitant typique des ghettos hip-hop en un furieux évangéliste fréquentant l'école du dimanche (ce que je suis en partie). Je fus horrifié que le président de la première université de ce pays ait une approche si grossière et terroriste de son corps enseignant.

Une fois ces politesses expédiées, Summers se lança dans une litanie de plaintes et de réprimandes à mon endroit. Il me reprocha d'avoir annulé des cours pendant trois semaines d'affilée en 2000 pour soutenir la campagne de Bill Bradley ; d'avoir apporté mon soutien à un candidat que quiconque ayant toute sa tête n'irait jamais soutenir (je me demandai s'il parlait de Ralph Nader ou d'Al Sharpton, mais j'en conclus rapidement qu'il parlait du second). Il s'exclama que mon CD de rap était une source d'embarras pour Harvard, et qu'il me fallait écrire un ouvrage de référence sur une tradition philosophique pour établir ma réputation (il ignorait visiblement que j'avais écrit un livre de ce genre douze ans plus tôt, et que ma position était fort bien établie, ayant déjà été titularisé à Yale et à Princeton). Il affirma ensuite que mon cours d'études afro-américaines, comme d'autres du même département, contribuait à une surnotation du cursus ; que je devais apprendre à être un bon citoyen de Harvard et à me soucier des besoins scolaires de mes étudiants, et non du salaire des employés (même si je m'étais battu pour satisfaire les besoins de mes étudiants en gardant ma classe ouverte aux sept cents qui s'étaient inscrits) ; que j'avais besoin d'écrire des travaux qui fassent l'objet d'une recension non pas dans des périodiques populaires comme la *New York Review of Books*, mais dans des journaux académiques spécialisés (aucun de mes livres n'a jamais fait l'objet d'un article approfondi dans la *New York Review of Books*, mais je garde espoir) ; et que nous devrions nous rencontrer tous les quinze jours pour qu'il puisse surveiller mon mode de notation et l'avancée de mes publications. Il termina sa tirade par des paroles rassurantes, accompagnées du sourire suffisant que j'ai souvent associé aux patrons de mon défunt père quand ils lui refusaient une promotion pour la énième fois. Quelle réaction pouvait-il attendre de moi ? Quelle étroitesse d'esprit pouvait pousser quelqu'un dans sa position d'autorité à se livrer à des interprétations aussi irresponsables sur la base de simples rumeurs et de biais personnels et politiques ? Se croyait-il au-dessus de tout, comme le DRH d'une multinationale ?

Je le regardai droit dans les yeux et lui demandai pour qui il me prenait. Je l'informai que j'avais manqué un seul cours pendant tout mon temps d'enseignement à Harvard, pour participer à une conférence sur le sida financée par Harvard et organisée par ma femme à Addis-Abeba ; que je ne soutenais pas des candidats sur la base des opinions des autres, mais sur celle de mes convictions personnelles ; que je faisais autant partie que lui de la tradition de Harvard (ayant obtenu mon diplôme ici même en 1973) et que si je voulais offrir aux jeunes une éducation dans leur propre langage, je le ferais ; que j'avais écrit seize livres, dont l'un sur la grande tradition philosophique américaine (le pragmatisme, d'Emerson à Rorty), sans cesse réédité depuis douze ans ; que les notes attribuées dans mes cours pouvaient se comparer à celles de n'importe quel autre département ; que la *New York Review of Books* n'avait jamais fait de critique importante de mes livres ; que j'avais donné plus de cinquante cours magistraux à des groupes d'étudiants au cours de mes sept ans à Harvard ; et que si cela ne me gênait pas de le rencontrer au cours de l'année, il était hors de question qu'il me surveille comme si j'étais l'un de ses étudiants négligents de premier cycle.

Cet entretien n'aurait jamais dû devenir public, mais étant donné la nature explosive de la situation – un conflit entre un éminent professeur noir de Harvard et son agressif nouveau président juif – la presse s'en donna à cœur joie. Cette expérience m'a donné toute la mesure de la grossièreté des médias et de leur quête nihiliste d'histoires juteuses. Après m'être concerté avec mes proches collègues de Harvard, je décidai de ne rien rendre public, de simplement démissionner de Harvard et de retourner à Princeton, où j'avais reçu des offres depuis longtemps. Mais la rumeur se mit à courir, je commençai à trouver des journalistes devant ma porte et, bien que je me sois refusé à tout commentaire, la presse s'empara de l'affaire.

Le *Boston Globe* rendit compte de l'entretien, le *New York Times* (sans m'en avertir) lui emboîta le pas avec un article en première page qui insistait sur l'ambivalence de Summer vis-à-vis de la discrimination positive – une question que nous n'avions pas même abordée au cours de notre conversation. Des journalistes de tout le pays et même de l'étranger débarquèrent soudain à Cambridge en quête d'un scoop sur ce qui se passait vraiment à Harvard. Les étudiants réagirent par des pétitions de soutien. Les experts des médias m'accusaient d'être toujours absent, de passer tout mon temps dans les studios d'enregistrement, de refuser d'écrire des livres, d'avoir publié quelques textes médiocres voici des années et de harceler Summers pour qu'il augmente mon salaire. George Will alla jusqu'à écrire que ma situation à Harvard était un cas extrême de « droit racial ». Face à une telle curée, et après avoir consulté mon ami Charles Ogletree, de la faculté de droit, je me résolus à intervenir – d'abord chez Tavis Smiley, puis dans le *New York Times* et *The O'Reilly Factor*. J'entendais rétablir la vérité, exposer les mensonges et témoigner du fait que le président Summers s'était trompé de Nègre.

Bien que la presse se soit concentrée sur moi et mes péchés supposés, toute l'image de Harvard fut ternie. Il ressortait de cette frénésie médiatique que Summers ne contrôlait pas la situation. Quand certains collègues menacèrent de partir avec moi, les responsables de Harvard (ses patrons) devinrent nerveux. Le bruit se répandit que j'avais davantage publié dans des journaux professionnels que tous les autres universitaires noirs du pays, à part le professeur William Julius Wilson (qui a le même statut d'enseignant que moi) ; que j'avais plus de publications que quatorze des dix-sept autres professeurs de Harvard de même statut ; et que j'avais presque deux fois plus de publications que Summers lui-même. Il était clair qu'il n'avait pas fait son travail – qu'il n'avait pas lu une ligne de mes travaux, ni écouté une note de mes CD, ni consulté mes collègues sur ma notation ou sur mon travail avec les étudiants sur le campus. Malgré la vague de soutien immédiat que lui avait accordée la presse, la vérité se faisait jour. Summers me demanda alors un nouvel entretien pour alléger l'atmosphère, et j'acceptai.

Lors de notre seconde rencontre, Summers se montra cordial, très à l'aise et visiblement pressé d'en finir avec cette affaire. Nous parlâmes de ma prochaine opération (je souffrais alors d'un cancer) et de sa propre expérience de cette maladie. Il me remercia de n'avoir pas joué la carte raciale. Sa plus grande crainte dans cette affaire était d'être catalogué comme raciste – accusation dont il avait déjà dû répondre lors de son passage à la Banque mondiale. Je lui répondis qu'en Amérique, toutes les cartes étaient raciales ; je sentais simplement qu'il y avait d'autres questions en jeu. Il déclara qu'il s'agissait d'un simple malentendu et s'excusa à maintes reprises auprès de moi. Je répondis qu'il avait permis à tous les journalistes xénophobes et conservateurs du pays de se déchaîner contre moi. Mais les médias continuèrent de tout déformer.

Le lendemain, un article en première page du *New York Times* rapportait que Summers n'avait pas cédé d'un pouce, avait tenu bon contre moi et refusé de s'excuser. Je ne pouvais en croire mes yeux et je l'appelai aussitôt pour qu'il me confirme qu'il s'était bien excusé – et plusieurs fois. Il le reconnut sans difficulté en me disant que le journaliste s'était trompé. Mais lorsqu'une de mes connaissances alla s'informer auprès du journaliste lui-même, celui-ci lui déclara que Summers avait insisté sur le fait qu'il ne s'était pas excusé et qu'il ne le ferait jamais. Je sus alors à quel joueur sans principes j'étais confronté. Dans mon interview suivante, je qualifiai Summers d'Ariel Sharon de l'enseignement supérieur en Amérique, d'éléphant dans un magasin de porcelaine, de caïd de quartier dans une situation délicate, d'homme arrogant et de dirigeant inefficace. Inutile de dire que l'enfer se déchaîna une nouvelle fois. On entendit des accusations d'antisémitisme de New York à Tel-Aviv – accusations que j'avais déjà eu à subir, vu mon soutien à la marche d'un million d'hommes du pasteur Louis Farrakhan ainsi que ma nette opposition, avec mon ami le rabbin Michael Lerner, à la politique répressive de Sharon à l'égard des Palestiniens.

Cette lamentable affaire reflète le niveau où est tombé le monde universitaire ; c'est devenu un microcosme compétitif, soumis au marché et mené par la médisance, des problèmes économiques de l'Amérique et de la société américaine en général.

J'ai souffert d'une triple déception. D'abord, en voyant combien Harvard et la presse se souciaient peu d'établir la vérité (*veritas* est la devise même de cette université), préférant se vautrer dans les rumeurs et les affirmations fausses. Les enseignants n'ont que trop conscience de ce qu'est devenue la vie de l'université ; pourtant, ils ne se sont guère souciés de la liberté universitaire et du respect dû à l'un de leurs collègues. Cette attitude est très représentative de la lâcheté de l'université, parfaitement contraire à la tâche qui devrait être la sienne : préserver des critères de vérité et d'intégrité et travailler à insuffler à nos jeunes la foi en ces critères.

Ensuite, j'ai été stupéfait de voir combien la question était perçue à un niveau provincial et personnel. Elle était vue comme un simple conflit local entre deux personnalités, avec un président garant des critères refusant de céder face à un professeur indigne et avide. À aucun moment le débat ne s'est élargi à une vision générale de ce que doit être l'université nationale à l'âge de l'Empire américain. Un professeur bien établi, déjà titularisé à Yale, Princeton et Harvard, ayant davantage publié que la plupart de ses collègues, s'entend dire de se calmer, de limiter son audience et de faire ce que lui dicte l'université, par un président de Harvard doté d'une vision technocratique et d'un comportement de caïd. Les universités doivent être le *sanctum sanctorum* du débat, et non des institutions sous mandat dictatorial. Le président Summers a le droit d'avoir son point de vue sur la discrimination positive, l'Irak, la culture hip-hop, le conflit israélo-palestinien et le salaire minimum des employés de Harvard. De mon côté, j'aurais dû avoir le droit de m'opposer à lui et de réclamer un débat raisonnable sans devoir subir des menaces à peine voilées et un irrespect manifeste. La question de l'intégrité de la liberté universitaire n'a jamais fait surface dans la folie généralisée sur cette affaire. Seul un subtil article de Sam Tanenhaus, paru en juin 2002 dans *Vanity Fair*, a soulevé ce problème.

Enfin, le délicat dilemme des relations entre Noirs et Juifs bouillait sous la surface de notre controverse, mais seul le rabbin Michael Lerner a eu le courage de l'aborder. Le premier président juif de Harvard – une institution ayant sa propre histoire d'antisémitisme et de racisme –, non content de tomber à bras raccourcis sur un professeur afro-américain connu, défie les mérites du premier département d'études afro-américaines du monde. Les tensions entre Noirs et Juifs sont si explosives et notre discours national sur les questions difficiles tellement appauvri qu'un dialogue réfléchi est pratiquement impossible. Peu de gens ont conscience des effets de cette tension sur la première université du pays.

Ce qui ressort de ma triste rencontre avec le président Summers, c'est l'opposition fondamentale qu'elle reflète entre les conceptions technocratique et démocratique de la vie intellectuelle en Amérique. Summers a révélé son malaise vis-à-vis d'une université engagée dans la culture et la société en général – surtout avec les jeunes de la culture hip-hop et les mouvements démocratiques de désaccord et de résistance. Ma vision de l'engagement universitaire embrasse ses critères académiques d'excellence, tout en cherchant à combler l'énorme distance qui sépare le monde élitiste des universités, les jeunes gens des quartiers et les activistes démocrates qui luttent pour le changement social. Étant profondément engagé dans la tradition démocratique en Amérique et dans la culture des jeunes, je n'ai pas l'intention de limiter mes activités universitaires et extra-universitaires, dans la mesure où l'effort pour secouer le somnambulisme des jeunes coupés de l'excitation et des opportunités intellectuelles de l'université est vital pour notre démocratie.

Il est impératif que les jeunes de toutes classes et toutes couleurs voient que l'ancienne génération installée à l'université se soucie d'eux, les prend au sérieux et tient à entendre ce qu'ils ont à dire. Nous devons poursuivre nos efforts acharnés pour nous connecter à la culture des jeunes, afin d'insuffler à ceux-ci une sagesse durement acquise sur le difficile voyage de la vie, et ainsi garder vivante dans l'avenir notre fragile expérience démocratique.

CONCLUSION

Endosser notre armure démocratique

« Jusqu'à mon dernier souffle et tant que j'en serai capable, je continuerai de philosopher, c'est-à-dire de vous adresser des recommandations et de faire la leçon à celui d'entre vous que je rencontrerai, en lui tenant les propos que j'ai coutume de tenir. [...] N'as-tu pas honte de te soucier de la façon d'augmenter le plus possible richesses, réputation et honneurs, alors que tu n'as aucun souci de la pensée, de la vérité et de l'amélioration de ton âme ? [...] Avec un jeune homme ou avec un plus vieux, quel que soit celui sur lequel je tomberai, avec quelqu'un d'ailleurs ou avec un habitant d'Athènes, mais surtout avec vous, mes concitoyens, [...] voilà comment je me comporterai. »

PLATON, *Apologie de Socrate*

« Jésus, revêtu de la puissance de l'Esprit, retourna en Galilée, et sa renommée se répandit dans tout le pays d'alentour. Il enseignait dans les synagogues et il était glorifié par tous. Il se rendit à Nazareth, où il avait été élevé, et, selon la coutume, entra dans la synagogue le jour du sabbat. Il se leva pour faire la lecture, et on lui remit le livre du prophète Ésaïe. L'ayant déroulé, il trouva l'endroit où il était écrit : L'Esprit du Seigneur est sur moi, parce qu'il m'a oint pour annoncer la bonne nouvelle aux pauvres. Il m'a envoyé pour guérir ceux qui ont le cœur brisé ; pour proclamer aux captifs la délivrance, et aux aveugles le recouvrement de la vue, pour renvoyer libres les opprimés [...]. »

LUC 4, 14-18

« La démocratie est, ou devrait être, la forme d'amour la plus désintéressée. »

Ralph ELLISON,
Lettre à Albert Murray, 17 août 1957.

« Dans tous les meilleurs solos de Lester Young (comme dans les fox-trot toujours ambivalents d'Ellington), il y a ces nuances de tristesse sans sentimentalisme qui donnent à penser qu'il n'a jamais été indifférent à la vulnérabilité humaine et qu'il conservait son imperturbable désinvolture malgré, mais aussi à cause de tous les troubles dont il avait été témoin, qui l'avaient assailli et auxquels il avait survécu. En un sens, l'élégance d'une intimité à soi et d'une vivacité manifeste dans tout son lyrisme excentrique est l'équivalent musical de la douloureuse et pourtant charismatique démarche du soldat revenu de toutes les campagnes, qui est reparti une fois de plus et a réussi à en revenir malgré l'enfer et les obus éclatant autour de lui. »

Albert MURRAY,
Stomping the Blues (1976)

Le 11 septembre a brisé nos illusions de sécurité et d'invincibilité et nous a montré de façon choquante le degré de haine que nous inspirions aux terroristes. Après un court moment d'unité nationale, la désillusion et la division se sont installées. Notre profonde polarisation a refait surface dans un esprit de vengeance accru, et nous nous sommes retournés les uns contre les autres avec colère et frustration. Les rudes débats sur l'Irak, le Patriot Act, les baisses d'impôts, le mariage homosexuel et l'élection présidentielle douteuse de 2004 nous ont laissés comme deux pays distincts, désenchantés et parfois totalement désespérés. La dépression et la désaffection générale des jeunes, la fuite de tant d'adultes dans une évasion abrutissante pour combattre la solitude et l'absence de perspectives, et la plongée dans un consumérisme frénétique pour compenser notre agitation sont autant de révélateurs des failles de notre vie civique. Ni un nouveau président (pourtant très nécessaire), ni une nouvelle administration ne suffiront à satisfaire nos aspirations démocratiques. La profonde consternation que nous inspire notre démocratie déborde les étroites limites du présent.

Dans notre désillusion sur nos politiciens, nos ploutocrates et leurs chiens de garde des médias, nous nous sommes focalisés sur la corruption de notre système démocratique en oubliant le rôle vital que jouent dans toute démocratie une citoyenneté éclairée et motivée, et les coalitions basées sur les principes capables de pousser efficacement au changement démocratique. La démocratie n'est pas un simple système électoral où les citoyens obtiennent le droit de vote et où des élus doivent concourir pour la faveur du public (ou trouver des façons de manipuler celle-ci) à leur profit, ou truquer le système électoral pour limiter la concurrence, comme c'est trop souvent le cas en Amérique aujourd'hui). Tous les systèmes conçus pour mettre en œuvre la démocratie sont sujets à des manipulations corruptrices, et c'est pourquoi l'attachement public à la démocratie est si vital. Une démocratie authentique et robuste doit être vivifiée par l'individualité, la communauté et la société démocratiques.

En Amérique, nous avons trop souvent minimisé la motivation fondatrice de la démocratie. Depuis l'époque de la première expérience démocratique à Athènes au siècle de Périclès, jusqu'à la naissance de l'expérience démocratique américaine au XVIIIe siècle, l'affermissement du pouvoir de l'élite a été l'objet premier de la révolte démocratique. Ce désir de transformer un gouvernement corrompu en un mode de vie plus démocratique est une force extraordinaire, même si chaque nouvelle issue de l'exercice de cette volonté reste loin des idéaux démocratiques. C'est pourquoi toutes les démocraties sont incomplètes et non finies, et la démocratie américaine reste une œuvre en progrès.

Nous sommes aujourd'hui dans une période d'intense bataille entre les deux tendances opposées de la démocratie américaine – vers l'impérialisme ou vers la démocratisation. Nos élites impérialistes se posent actuellement en boucliers de la démocratie. L'administration Bush a subverti la volonté publique afin de mener à sa guise sa guerre contre le terrorisme, en attaquant l'Irak et en instituant la dangereuse doctrine de la guerre préventive au lieu de se concentrer sur la véritable menace terroriste. Nos élites économico-financières se sont drapées dans la rhétorique d'un marché sans entraves et de l'aspect inéluctable de la mondialisation économique, justifiant une exacerbation obscène des inégalités de revenu. C'est face à des déformations si manifestes de la démocratie que l'expérience athénienne, et surtout le témoignage socratique, sont pour nous si pertinents.

L'émergence historique de la démocratie athénienne et l'invention du dialogue socratique doivent nous instruire et inspirer notre pratique de la citoyenneté démocratique dans l'Amérique d'aujourd'hui. La démocratie athénienne est née de la révolte de paysans organisés contre le pouvoir abusif des oligarques. Ces paysans refusaient d'être des victimes passives face aux politiques ploutocratiques qui redistribuaient la richesse vers le haut, la confisquant à la grande majorité au profit de quelques privilégiés. La conception grecque de la démocratie a élevé des paysans abusés au rang de citoyens actifs qui réclamaient publiquement des comptes à leurs élus. Leurs exigences démocratiques d'une réforme de la terre et de l'effacement des dettes ont donné naissance à une expérience sans précédent d'autogouvernement.

Athènes s'éloigna progressivement de la loi royale, l'étape décisive étant la division de l'autorité entre le roi et l'archonte, qui assumait une grande part des responsabilités gouvernementales. Cette réforme fut sans doute mise en place dès 1088 avant J.-C. En 594, Solon fut élu archonte et réagit aux revendications des fermiers indépendants et des paysans non nobles par des réformes qui intégraient ces Athéniens exclus au corps supérieur du gouvernement (le conseil de l'Aréopage) et aux jurys des nouveaux tribunaux. Ces réformes suscitèrent des idéaux d'égalité politique et judiciaire, ainsi que la notion d'une vie publique impliquant un contrat entre des classes et des groupes en conflit dans la société athénienne. Comme le proclamait Démosthène, le plus grand orateur de cette époque, à propos de cette motivation démocratique : « Celui qui réclame votre indulgence pour avoir agi pour le bien commun doit démontrer qu'il possède l'esprit du bien commun. C'est un esprit de compassion pour les démunis et de résistance à l'intimidation des forts et des puissants : il n'inspire ni un traitement brutal de la population, ni une servilité envers les puissants de l'époque. »

Les réformes de Solon n'ont pas établi la démocratie athénienne, mais elles ont constitué un compromis entre des classes et des groupes en conflit qui ont mis Athènes sur la voie de la démocratie. Quand Cléisthène triompha de son ennemi Isagoras en s'alliant au peuple en 508, il mit aussitôt en place le nouveau système politique des dèmes. Les dèmes étaient des formes vivantes de participation démocratique locale et communale (dont semble inspirée l'ancienne démocratie des communes en Nouvelle-Angleterre) qui se substituèrent à l'ancien système des tribus fondé sur la parenté. Comme les jurys, les dèmes étaient des terrains de formation populaires pour des natures démocratiques, qui brisaient les allégeances aveugles à la famille, au clan ou à la tribu. En outre, Cléisthène établit un nouveau conseil démocratique de cinq cents représentants, destiné à remplacer l'ancien conseil aristocratique de l'Aréopage. La démocratie athénienne était née.

Cette évolution historique d'une société basée sur un groupe étroit de parenté en un modèle plus large de citoyenneté représente, selon la belle expression d'Eli Sagan dans *The Honey and the Hemlock* (1991), « la moralisation consciente de l'énergie démocratique ». Avec l'accession au pouvoir en 443 de Périclès, qui allait instituer la notion de salaire pour un service public, ainsi qu'un système de rotation annuelle dans les fonctions publiques et un tirage au sort pour celles-ci, la démocratie athénienne s'affermit. Il ne s'agissait plus d'un ordre constitutionnel statique, mais d'une culture démocratique dynamique de participation civique. Comme le remarque Sheldon Wolin, cette « grande réussite d'autogouvernement devait transformer profondément la politique ; le pouvoir gagna de la visibilité ; la prise de décision devint publique pour que les citoyens puissent voir ses rouages ; des hommes ordinaires personnifièrent le pouvoir, s'adressèrent à lui sans servilité et se considérèrent comme ses interlocuteurs. »

Cette remarquable libération d'énergies démocratiques s'accompagna de tentatives diverses de la part des oligarques pour subvertir la volonté dupeuple, par la corruption ouverte ou par la manipulation. Ces manœuvres résultaient souvent d'une intense activité commerciale jugée en général incompatible ou en contradiction avec la vie publique d'Athènes. Les Athéniens avaient bien conscience que les voix du peuple pouvaient être contrebalancées par de puissantes élites de marché récupérant le système à leur profit pour servir leurs intérêts particuliers. Le pouvoir économique des oligarques était reconnu comme la source première des corruptions de la gouvernance démocratique d'Athènes.

Ce n'est pas un hasard si l'invention grecque du dialogue socratique tient en partie au désir de s'opposer à des sophistes obsédés par la richesse. Les plus grands ennemis de Socrate dans les textes qui ont popularisé ses idées – comme Thrasymaque dans la *République* de Platon – étaient perçus comme des marchands avides et d'habiles rhétoriciens fort peu soucieux de la qualité de la vie démocratique. L'amour socratique de la sagesse s'opposait vivement à la vénalité des sophistes.

Le premier sophiste de l'époque, Gorgias, est décrit ainsi par Isocrate dans l'*Antidosis* : « Cet homme passa du temps chez les Thessaloniens quand ce peuple était le plus riche parmi les Grecs ; il vécut longtemps et se consacra à gagner de l'argent ; il n'avait pas de domicile fixe dans une cité quelconque et ne dépensait donc pas d'argent pour le bénéfice public. »

L'historien contemporain K. J. Dover écrit dans son essai, *The Freedom of the Intellectual in Greek Society*, que l'on jugeait à Athènes que les sophistes, les intellectuels de l'époque, « exerçaient une grande influence sur la politique d'Athènes par le biais de leurs riches protecteurs athéniens, sans être tenus eux-mêmes pour responsables de la mise en œuvre de cette politique ».

Dans la grande histoire de la démocratie athénienne, Socrate est la figure phare, précisément parce que sa mission consiste à combattre la corruption des élites au pouvoir en questionnant l'étroite pensée idéologique et pleine de préjugés de son époque. C'était un citoyen démocrate exemplaire, qui participait au conseil et prit part à trois grandes campagnes militaires (Potidée, Delium et Amphipolis), et qui jugeait de son devoir de s'adresser au peuple pour « le contaminer de cette perplexité que je ressens moi-même » (*Ménon*, 80c-d).

L'amour socratique de la sagesse soutient qu'une vie non soumise à l'examen ne vaut pas d'être vécue (*Apologie*, 38a), et que pour être un homme et un citoyen démocrate, il faut trouver le courage de penser par soi-même de façon critique. Cet amour de la sagesse est une traque éternelle dans les recoins sombres de sa propre âme, dans les ruelles obscures de sa société et les arrière-cours du monde, afin de saisir de profondes vérités sur son âme, sa société et le monde. Cette quête brise les menues idoles, les fausses illusions et les fétiches clinquants ; elle sape le conformisme aveugle, la complaisance désinvolte et la lâcheté pathétique. Le questionnement socratique suscite l'intégrité intellectuelle, l'humilité philosophique et la sincérité personnelle – autant d'éléments essentiels de notre armure démocratique pour la lutte contre le pouvoir corrompu des élites.

Le questionnement socratique est la mise en œuvre de la parrhésie – le discours franc et hardi – qui est la substance de toute démocratie. Socrate admet d'ailleurs que « c'est en disant la vérité que je me fais des ennemis » (*Apologie,* 24a). Ce fut la raison de sa mort tragique. Pourtant, il choisit de mourir plutôt que de vivre dans le mensonge. Sa noble mort aux mains des élites dogmatiques et nihilistes a donné naissance à un nouveau genre littéraire qui a conservé sa mémoire vivante. Ce célèbre type de questionnement, immortalisé par son disciple Platon, consiste en une interrogation intense et un examen soutenu de la façon dont nous devrions vivre. Il affronte des questions fondamentales telles que : « Qu'est-ce que la justice ? Qu'est-ce que le courage ? Qu'est-ce que la piété ? Qu'est-ce que l'amour ? » Et si Socrate n'a jamais rien écrit, les auteurs socratiques comme Platon, Xénophon et Eschine ont laissé de vivantes descriptions de la pratique démocratique du questionnement socratique. Ces textes constituent les fondements de la philosophie occidentale (ou amour de la sagesse). L'énergie démocratique du questionnement socratique est un défi puissant à la loi corrompue des élites et expose souvent ses praticiens au ridicule et à toutes sortes de censures. Pourtant, ce questionnement demeure indispensable à toute expérience démocratique.

Ironiquement, l'amour de Platon pour Socrate et sa haine pour ceux qui l'ont mis à mort – les élites corrompues de la démocratie athénienne – ont produit une schizophrénie dans la pensée platonicienne. Comme le montre S. Sara Monoson dans son excellent livre, *Plato's Democratic Entanglements* (2000), cette schizophrénie est au cœur de sa philosophie. D'une part, ses textes incarnent une vibrante énergie démocratique de questionnement socratique qui rejette le dogmatisme et le nihilisme des gouvernants corrompus. D'autre part, sa vision de l'ordre et de la hiérarchie légitime un autoritarisme antidémocratique. La fameuse chaîne verticale des êtres de Platon coupe court à toute démocratie. Pourtant, son magnifique développement du genre littéraire socratique s'appuie sur un examen féroce de l'expérience vécue du peuple. Les textes de Platon sont redevables aux formes poétiques s'inspirant de la vie des Athéniens ordinaires – les mimes de Sophron et de son fils Xénarque et les comédies d'Aristophane. Le mime était une forme de divertissement populaire comparable à une pièce de théâtre, où les acteurs dépeignaient des scènes de la vie quotidienne centrées sur des aspects révélateurs du caractère des gens. Ces mimes et ces comédies avaient pour protagonistes les hommes et les femmes des basses classes, « personnages risibles et dépourvus de grandeur ». La peur qu'inspiraient à Platon les passions aveugles et le potentiel anarchique du peuple l'a poussé à utiliser son genre essentiellement démocratique à des fins antidémocratiques.

Son féroce questionnement socratique l'a amené à des conclusions aristocratiques. Dans l'esprit de Platon, comme dans celui des Pères fondateurs de l'Amérique, les forces démocratiques sont à la fois valorisées et redoutées : les voix du peuple doivent être reconnues, mais aussi contenues. Dans le livre VIII de la *République*, Platon définit la démocratie comme « une cité où règnent la liberté et un discours plein de franchise [la parrhésie] », mais qui n'arrive jamais à résoudre l'éternel problème de la corruption ou du despotisme rampant. Pour lui, seuls les rois-philosophes munis d'une connaissance de la vie élevée étaient en mesure de contrôler les passions déchaînées du peuple. La démocratie américaine a émergé comme une république (un gouvernement représentatif), et non comme une démocratie directe de type athénien, en raison de cette même crainte des passions et de l'ignorance du peuple. Comme le note James Madison dans ses célèbres *Federalist Papers* : « Et même si chaque citoyen d'Athènes avait été un Socrate, / L'assemblée athénienne n'aurait été qu'une simple populace. »

Pour les Pères fondateurs, comme pour Platon, trop de questionnement socratique de la part du peuple et trop de partage du pouvoir des élites avec celui-ci ne peut que mener à l'anarchie, à l'instabilité ou à la rébellion perpétuelle. Le génie démocratique des Pères fondateurs devait néanmoins intégrer le questionnement socratique dans notre gouvernement sous la forme de la Déclaration des droits pour protéger la parrhésie, malgré leur peur des turbulences du peuple. Sans ces dimensions socratiques de la démocratie américaine, la tyrannie aurait triomphé ici. Sans un questionnement socratique par le peuple, l'avidité des élites dévore toute démocratie.

Comme l'a noté le grand Reinhold Niebuhr, la démocratie est une solution approximative à des problèmes insolubles – toujours désordonnée et sujette à la manipulation corruptrice –, qui reste pourtant le meilleur projet civique pour le peuple. L'*Histoire de la guerre du Péloponnèse*, de Thucydide, ne désigne-t-elle pas les graines insidieuses de l'avidité et de la domination impériales comme les causes premières du déclin et de la chute de la démocratie athénienne ? La domination par les Macédoniens et les Romains d'une démocratie athénienne affaiblie et corrompue a été le triste résultat de ces semences empoisonnées. Pouvons-nous tirer des leçons de ce tragique exemple ? Sans doute, si nous savons nous garder de la paranoïa paralysante de la pensée manichéenne, de l'arrogance débilitante du dogmatisme, et de l'assurance à courte vue de l'impérialisme nihiliste. Pour ce faire, il nous faut être socratiques en tant qu'individus, en tant que communautés et en tant que société. La santé fragile d'une démocratie tient à la santé socratique de son peuple. Comme le conclut le critique et poète anglais Matthew Arnold, qui fut un sage et réticent démocrate, dans son classique *Culture and Anarchy* (1869), « mais chaque homme ne porte-t-il pas un possible Socrate dans sa poitrine, dans cette capacité à un jeu de conscience désintéressé sur ses notions et ses habitudes, dont cet homme sage et admirable a donné l'exemple tout au long de sa vie et qui était le secret de son incomparable influence ? Celui qui pousse les hommes à susciter et exercer en eux-mêmes ce pouvoir, et qui s'applique à le susciter et l'exercer en lui-même, est peut-être en ce moment même, comme Socrate l'était en son temps, plus en accord avec le travail vital de l'esprit des hommes, et plus efficace que tout [...] praticien de la politique. »

Ralph Waldo Emerson, le parrain de notre tradition américaine, exprime ce sentiment arnoldien en des termes américains dans *Plato or the Philosopher*, tribut au Socrate des textes de Platon : « La rare coïncidence, dans un corps difforme, du drôle et du martyr, du débatteur passionné des rues et des marchés et du saint le plus doux de toute l'histoire à cette époque, avait frappé l'âme de Platon, si propre à accueillir ces contrastes ; et, par nécessité, la figure de Socrate est venue se placer d'elle-même au premier plan, comme le meilleur dispensateur des trésors intellectuels qu'il avait à communiquer. C'est une chance rare que cet Ésope des rues et cet intellectuel en toge se soient rencontrés, pour rendre immortelles leurs facultés respectives. »

Pour Emerson, chaque citoyen démocrate doit aspirer à l'amour socratique de la sagesse, à un questionnement vigilant qui transforme la turbulente populace en chercheurs matures des vérités plus dures et plus profondes qui fondent les individus, les communautés et les sociétés démocratiques.

Pourtant, notre questionnement socratique doit encore dépasser Socrate. Nous devons socratiser Socrate en révélant les limites de la grande tradition socratique. Ma propre philosophie de la démocratie, issue du versant sombre de la démocratie américaine, s'enracine dans les cris et les larmes silencieuses du peuple opprimé. Et cela m'a toujours dérangé que Socrate ne pleure pas, qu'il ne verse jamais une larme. Son rationalisme profond, et pourtant insuffisant, refuse de lier une noble maîtrise de soi à une solidarité sincère avec la douleur et l'angoisse des opprimés. Pourquoi ce défaut manifeste dans l'amour socratique de la sagesse ? Le riche héritage socratique d'Athènes n'a-t-il pas besoin du profond héritage prophétique de Jérusalem ? Le questionnement et la quête socratiques rigoureux de la sagesse ne doivent-ils pas être informés par la ferveur et la quête passionnée pour la justice du prophétisme ?

L'invention juive du prophétisme commence avec les cris et les larmes d'un peuple opprimé. Cette profonde douleur et ces griefs sont dirigés contre l'empire d'Égypte. Dieu entend leurs cris et est touché par leurs larmes parce que Dieu aime par-dessus tout la justice (Psaumes 99, 4 et 37, 28 ; Ésaïe 61, 8). Le Dieu des Juifs déclare : « S'il crie à moi, je l'entendrai, car je suis miséricordieux » (Exode 22, 23, 27). La compassion divine soutient l'amour divin de la justice, de même que la compassion humaine soutient l'amour prophétique de la justice. Le premier langage prophétique est celui des cris et des larmes, parce que de la douleur et de la misère humaines naissent des visions de justice et des actes de compassion. Pour la tradition prophétique, les cris et les larmes d'un peuple opprimé sont une alternative à l'oppression et symbolisent une allégeance à un Dieu qui, en réponse, exige des hommes des actes d'humanité.

Le mouvement chrétien qui a émergé du judaïsme prophétique a fait de ce langage des cris et des larmes une nouvelle façon de vivre et lutter dans le monde. Ma philosophie de la démocratie est modelée par ce Juif nommé Jésus qui a mis l'amour de Dieu et du prochain au cœur de sa vision de la justice et de ses actes de compassion. Sa vision d'un avenir juste réconforte ceux qui crient, et ses actes de compassion consolent ceux qui versent des larmes. Le don plein d'amour de son ministère, de sa grâce et de sa mort sous la loi des élites impériales nihilistes incarne la compassion et la justice divines dans la chair. Le paradoxe ultime du christianisme, ce Dieu crucifié sous l'Empire romain, nous enseigne que l'amour et la justice, qui semblent si faibles, peuvent être forts, que ce qui semble ridicule peut être la sagesse même, et ce qui semble si négligeable aux élites impériales être indispensable. La tradition prophétique est nourrie d'une juste indignation devant l'injustice et de l'urgence morale d'écouter les cris et les larmes des peuples opprimés.

Malgré la captivité constantinienne de nombreux chrétiens d'Amérique et d'ailleurs, l'héritage de la tradition prophétique est une force extraordinaire d'engagement et de vision qui nous pousse à corriger les injustices que nous voyons autour de nous. À notre époque, cet héritage a poussé Martin Luther

King, le rabbin Abraham Joshua Heschel, Dorothy Day et des millions d'autres Américains à approfondir notre projet démocratique. Cette tradition prophétique est une façon contagieuse et revigorante de vivre et de lutter. Elle génère le courage d'agir à la lumière d'une vision morale universelle qui met en cause la corruption, l'avidité et la bigoterie dans notre âme et dans notre société. Elle nous réveille de l'indifférence si répandue aujourd'hui à la souffrance des autres ou à la misère sociale qui nous entoure. L'amour prophétique de la justice libère une énergie éthique et un engagement politique qui font exploser toutes les formes d'égocentrismes ou de tribalismes. Il s'appuie sur le témoignage éthique (qui va pour certains jusqu'au martyre), la cohérence morale et l'activisme politique – autant d'éléments cruciaux de notre armure démocratique pour la lutte contre le pouvoir corrompu des élites.

Dans notre monde postmoderne consumériste et hédoniste, narcissique et cynique, sceptique et nihiliste, l'amour socratique de la sagesse et l'amour prophétique de la justice peuvent sembler sans espoir. Qui ne se sent accablé de terreur et de désespoir face aux atrocités et aux barbaries de notre monde ? Un optimisme de commande ou un banal sentimentalisme ne peuvent suffire à nous soutenir. Il nous faut un amour socratique imbibé de sang et un amour prophétique trempé de larmes, nourri d'un espoir tragicomique durement gagné. Notre lutte démocratique contre le pouvoir corrompu des élites a besoin de la force vitale que nous offre l'invention noire du blues. Le blues est l'interprétation la plus profonde de l'espoir tragicomique en Amérique. Il nous encourage à affronter fermement les dures réalités de notre vie personnelle et politique, sans sentimentalisme innocent ni cynisme froid. Le blues forge un espoir mature qui nous fortifie sur la corde raide du questionnement socratique et du témoignage prophétique dans l'Amérique impériale.

Cette interprétation noire américaine de l'espoir tragicomique est enracinée dans l'amour de la liberté. Elle procède d'un esprit libre et inquisiteur qui met en lumière le peu d'intérêt de l'Amérique impériale pour la justice raciale. C'est la mise en cause triste mais douce d'un pouvoir abusif et d'une avidité aveugle ayant perdu tout contrôle. C'est une posture mélancolique et pourtant tournée vers l'avenir, face au déni de l'Amérique des terreurs et des horreurs qu'elle fait subir aux autres. Elle suscite le courage d'espérer contre toute attente une amélioration, sans désir de revanche ni ressentiment. Elle jubile dans la sombre joie de penser, d'agir et d'aimer librement sous le joug de l'absence de liberté.

Je me suis toujours émerveillé qu'un peuple aussi opprimé que les Noirs américains ait pu créer les formes les plus libres d'Amérique, comme le blues et le jazz. Je me suis souvent demandé comment nous, les victimes de la démocratie américaine, avions inventé de telles odes à l'individualité et à la communauté démocratiques. Et je me demande si la démocratie américaine peut survivre sans tirer des leçons des énergies démocratiques souvent négligées des Noirs américains. Comment affirmer une vie d'autonomie mature tout en reconnaissant que le mal est inséparable de la liberté ? Comment rester ouvert et prêt à la solidarité avec les gens mêmes qui vous haïssent ? Frederick Douglass et Bessie Smith, Ida B. Wells-Barnett et Duke Ellington, Sarah Vaughan et Martin Luther King, Ella Baker et Louis Armstrong : autant de voix de la sagesse dans une tradition démocratique, susceptibles d'offrir une réponse à ces questions cruciales de notre temps. Ils savaient tous que la quantité de larmes versées a beau rester constante en ce monde, et l'air être rempli de nos cris, nous pouvons et devons encore nous engager dans une quête démocratique de sagesse, de justice et de liberté.

Ce type d'espoir tragicomique est dangereux et potentiellement subversif, parce qu'il ne peut jamais être anéanti. Comme le rire, la danse et la musique, c'est une forme de liberté élémentaire qu'aucun pouvoir de l'élite n'a la puissance d'éliminer. Il est inexorablement résilient et séduisant – voire contagieux. Il est uni à une longue et riche tradition de quête humaniste de la sagesse, de la justice et de la liberté, d'Amos à Socrate et à Ellison. Les grands moments modernes de cette tradition – Shakespeare, Beethoven, Tchekhov, Coltrane – incarnent un entrelacement créatif des éléments socratiques, prophétiques et tragicomiques dans de profondes interprétations de ce que c'est qu'être humain. Ces trois éléments constituent l'armure démocratique la plus solide dont nous disposons dans notre combat contre le pouvoir corrompu des élites. Ils sont le meilleur de notre héritage, et c'est à cela que nous ressemblons quand nous sommes au sommet de nous-mêmes – en tant que démocrates et en tant qu'êtres humains.

Cette armure démocratique nous permet de subir tous les coups impériaux et xénophobes et d'y survivre. Elle nous permet d'affronter tout ennemi antidémocratique et de persévérer. Elle nous encourage à combattre toute forme de dogme ou de nihilisme et d'endurer. Elle exige seulement que nous soyons vrais à nous-mêmes en choisissant d'être un certain type d'êtres humains et de citoyens démocrates issus d'une profonde tradition démocratique et résolus à la garder vivante et vibrante. Cette vocation démocratique, unie à une prédilection pour tous les possibles, ne garantit peut-être pas la victoire, mais elle renforce la possibilité d'un progrès durement gagné. Et si nous perdons notre précieuse expérience démocratique, nous pourrons dire, avec Ella Fitzgerald et Mohammed Ali, que nous avons perdu avec style, avec grâce, et avec un sourire disant que les semences des questions de démocratie fleuriront quelque part pour rappeler au monde nos courageux efforts.

REMERCIEMENTS

Ce livre a été rendu possible – comme toutes mes œuvres – par ma famille : mes parents, feu Clifton L. West et Irene Bias West (à qui a été récemment dédiée une école élémentaire) ; mon frère, Clifton L. West ; mes sœurs, Cynthia McDaniel et Cheryl West ; mon fils, Clifton Louis West ; et ma fille, Dilan Zeytun West. J'ai bénéficié du soutien professionnel de Mary Ann Rodriguez et de l'affection de Leslie Oser Kotkin. Le travail acharné de Ben Polk et le génie éditorial d'Emily Loose ont beaucoup contribué à cet ouvrage. Je tiens également à remercier mon agent, Gloria Loomis, et l'éditrice Ann Godoff. J'endosse l'entière responsabilité des défauts de ce livre.

TABLE

Achevé d'imprimer par Corlet, Imprimeur, S.A. - 14110 Condé-sur-Noireau
N° d'Imprimeur : 83125 - Dépôt légal : février 2005 - *Imprimé en France*